Ägypten

G. Aigner, N. C. Nenzel (Text) · R. Kiedrowski (Fotos)

EINLEITUNG Brücke zwischen Orient und Okzident

Monumente aus der Pharaonenzeit, das orientalische Leben (Bild: Basar in Luxor) und die schönen Sandstrände am Roten Meer machen Ägypten zum bevorzugten Urlaubsziel. Das vom Nil geprägte Land, Brücke zwischen Orient und Okzident, zeichnet sich besonders aus durch seine freundlichen und toleranten Menschen.

Alte Villen prägen Luxors Stadtbild

Assuan ist Station aller Nilkreuzer

Basare sind Handelsplätze ...

Tradition und Fortschritt mischen sich in Ägyptens großen Städten zu einem faszinierenden Mosaik, das jeden Besucher in Atem hält. Häuser aus vielen Jahrhunderten werden überragt von Kuppeln und Minaretten ehrwürdiger Moscheen. Das moderne Gesicht, das sich vor allem an den Ufern des Nils zeigt, darf nicht darüber hinwegtäuschen, daß alte Werte und vor allem der Islam das Leben der Ägypter weitgehend beherrschen.

Alexandrias Heiligtum: die Moschee Sidi Abdul Abbas-el-Mursi

... und Zentren der Kommunikation

Säulengang und Innenhof der Ibn-Tulun-Moschee in Kairo

Als der arabische Schriftsteller Ibn Battuta den Nil im 14. Jahrhundert beschrieb, regelte der längste Fluß der Erde noch den Rhythmus des Lebens zwischen Assuan und Alexandria. Der Zyklus der Jahreszeiten war direkt verknüpft mit dem Ansteigen und Abschwellen seines Wasserstandes:
»Der ägyptische Nil übertrifft alle anderen Flüsse der Erde an Süße im Geschmack, an Breite und an der Möglichkeit seiner vielfältigen Nutzung. Ohne Unterlaß ziehen sich Dörfer und Städte an seinen Ufern entlang, die unvergleichlich sind in ihrer Schönheit. Es gibt keinen Fluß in der Welt, dessen Becken von solch einer Fruchtbarkeit ist und den man ›Meer‹ nennt ... Eine andere Eigenschaft des Flusses ist die, daß er bei größter Hitze zu steigen beginnt, in einer Zeit also, wenn die Höhe aller Flüsse abnimmt oder die Flüsse ganz austrocknen, und er an Wasser verliert, wenn alle anderen Flüsse anwachsen und ihr Wasser über die Ufer tritt.«

»Ägypten ist ein Geschenk des Nils«

Schon zur Zeit der Pharaonen hatte man das Jahr in drei Abschnitte gegliedert: die Phase der Überschwemmung von Juli bis Oktober, die anschließende Anbauzeit und die Brache zwischen April und Ende Juni. Ägyptische Gelehrte entwickelten aus dem Rhythmus des Nils den Kalender, der die 365 Tage des Jahres in 12 Monate mit jeweils 30 Tagen einteilte; an den verbleibenden fünf Tagen feierten die Ägypter die Geburtstage ihrer Götter.
Der griechische Gelehrte Herodot war im 5. Jahrhundert v. Chr. einer der ersten »Nilreisenden«, dessen zuverlässige Aufzeichnungen ein gutes Bild geben vom Ägypten jener Zeit. Die Bedeutung des Flusses hielt der Geschichtsschreiber treffend fest: »Ägypten ist ein Geschenk des Nils.« Immer wieder hat der Fluß seitdem Schriftsteller beflügelt – bis hin zur englischen Krimi-Autorin Agatha Christie, deren 1937 geschriebenes Buch »Tod auf dem Nil« mehrmals verfilmt wurde.
Der Nil war der Grund für die alten Ägypter, einen Staat zu schaffen, der das ausgeklügelte Bewässerungssystem verwaltete und unterhielt. Über Tausende von Jahren bildete der Fluß eine ausreichende Lebensgrundlage für wenige Millionen Menschen; erst das starke Bevölkerungswachstum beflügelte die Idee, das Nilwasser intensiv und ganzjährig zu nutzen: Nach der Revolution von Offizieren gegen König Faruk im Jahr 1952 und der Unabhängigkeit fiel die Entscheidung, den Fluß bei Assuan zu stauen, 1971 wurde der Sadd el-Ali offiziell in Betrieb genommen. Der Staudamm schuf den 500 Kilometer weit in den Sudan hineinreichenden Nasser-See, den zweitgrößten Binnensee überhaupt. Er zwang Zigtausende von Nubiern, ihre Heimat zu verlassen.

Assuan-Staudamm: Fluch und Segen zugleich

Seit dem Bau des Assuan-Staudamms können die Fellachen, wie die muslimischen Ackerbauern und direkten Nachkommen des alten Nilvolks genannt werden, drei Ernten pro Jahr einfahren, doch der Damm birgt auch viele ökologische Nachteile (s. Kap. 6, Assuan). Trotz der besseren Kultivierungsmethoden muß Ägypten aber weiterhin viele Nahrungsmittel gegen knappe Devisen einführen und Grundnahrungsmittel wie Brot, Zucker und Speiseöl stark subventionieren; die Anhebung der

Am Nil gibt sich Kairo als moderne Großstadt, hier stehen Banken und Hotels

Brotpreise hat immer wieder zu Aufständen geführt.
Ägypten ist dreimal so groß wie die Bundesrepublik, doch drängen sich 95 Prozent der 60 Millionen Ägypter entlang des Nils und im Delta auf einer Fläche so groß wie Baden-Württemberg. Seit jeher ist das zwischen einem und 25 Kilometer breite Flußtal das wichtigste Siedlungsgebiet, denn im Westen und Osten breiten sich zwischen dem Roten Meer und der libyschen Grenze fast 1000 Kilometer Wüste aus. Nur wenige Oasen schaffen Lebensraum für einige zehntausend Menschen, die teil-

Marktszene in der Oase Faijum

Der Esel ist Zugtier der Fellachen

weise in einem Projekt des früheren Präsidenten Nasser dort angesiedelt wurden.
Am Nil findet man auch die bedeutenden Bauwerke der alten Ägypter, die den Tourismus zu einer der wichtigsten Einnahmequellen des Landes erhoben haben. Zu Hunderttausenden drängen sich Reisende aus aller Welt an den Pyramiden von Gizeh und Sakkara, den Tempeln von Luxor, Karnak und Abu Simbel und in den prachtvollen Grabmälern im Tal der Könige. Noch heute geben Wandbilder und Hieroglyphen den Wissenschaftlern Rätsel auf, eine Aura des Geheimnisvollen umgibt die Welt der Pharaonen, ihre Dynastien und die Totenkulte. Um sie besser zu

Sanddünen in der Nähe der Oase Kharga inmitten der Libyschen Wüste

Die »blauen Berge« des Sinai sind ein Werk des Landschaftsmalers Jean Verame

Ägyptens größte Oase ist der fruchtbare Nilstreifen

Auf dem Kamelmarkt in Daraw in der Nähe von Kom Ombo

Fast das ganze Leben der Ägypter spielt sich in dem zwischen einem und 25 Kilometer breiten Grünstreifen am Nil ab. Im Osten und im Westen erstreckt sich die fast unendliche Wüste auf 96 Prozent der Gesamtfläche Ägyptens. Fast jeder zweite Erwerbstätige ist in der Landwirtschaft beschäftigt, trotzdem müssen viele Lebensmittel gegen harte Währung eingeführt werden. In unwirtlichen Wüstengegenden lagern Mineralien und Erdöl, doch die Förderung ist zu teuer für das verarmte Land.

verstehen, bietet dieser HB-Bildatlas Special auf den Seiten 96 bis 101 Einführungen in die Themen Dynastien, Jenseits-Vorstellungen und Hieroglyphen; es ist hilfreich, diese Texte zu Beginn zu lesen, um Zusammenhänge und geschichtliche Abläufe besser einordnen zu können.

In den Tempeln, Reliefs und Grabmälern spiegeln sich Mythen und die wechselvolle Geschichte des Landes wider – die Zeit der Pharaonen, als Ägypten eine Weltmacht war, die Besetzung durch Äthiopier, Perser, Griechen und Römer. Trotz der Faszination, die von diesen Altertümern ausgeht, sollte man nicht vergessen, daß das Land am Nil nicht nur aus Steinen und Gemäuern besteht.

Große Freundlichkeit trotz sozialer Probleme

Die Ägypter zählen zu den am schnellsten wachsenden Völkern der Erde. Ein wesentlicher Grund dafür liegt in der Armut, denn viele Kinder bedeuten viele Einnahmequellen. Trotz Schulpflicht und verbotener Kinderarbeit gehen 30 Prozent der Sechs- bis 16jährigen nicht zur Schule. Mehr als jeder zweite Ägypter und 70 Prozent der Frauen können weder schreiben noch lesen – obwohl Ägypten mit der Al-Azhar-Moschee die weltweit älteste Universität besitzt und man in fast jeder größeren Distrikthauptstadt eine Hochschule finden kann. In aller Welt arbeiten hochqualifizierte ägyptische Ärzte, Lehrer und Techniker, doch sind viele Menschen gezwungen, sich in aller Welt als Gastarbeiter zu verdingen, nachdem die meisten aus Kuwait und Libyen ausgewiesen wurden.

In dieser Situation wundern sich viele Besucher immer wieder über die Freundlichkeit der Menschen, über das große Vergnügen, das sie an Kleinigkeiten haben, über ihre Dankbarkeit für kleine Gesten wie beispielsweise einen Satz in ihrer Sprache. Doch auch der Unmut in touristischen Zentren ist verständlich, denn mancher Familienvater verdient im Monat soviel, wie Urlauber nachts an der Bar ausgeben.

Der erstarkende fundamentalistische Islam führt in dem traditionell toleranten Ägypten in jüngerer Zeit zu Spannungen mit der christlichen Minderheit der Kopten, deren Anteil man auf sieben bis

Deir el-Bahari, die eigenwillige Tempelanlage der Königin Hatschepsut

12 Prozent der Bevölkerung schätzt. Besonders in der gleichzeitig koptischen und islamisch-fundamentalistischen Hochburg um die oberägyptischen Städte Dairut und Assiut sagten Moslem-Extremisten Staat und Gesellschaft seit Mitte 1992 den Kampf an. Städte, wo zur Überraschung vieler Reisender Minarette und Kirchtürme dicht nebeneinander die strohgedeckten Lehmhütten überragen, wurden zu Stätten konfessionell motivierter Gewalt.
Motiviert durch Ereignisse in Algerien, wo islamische Fundamentalisten nach Wahlerfolgen von Regierungsverantwortung ferngehalten und verhaftet wurden, haben die extremistischen Moslems das Ziel, die säkularisierte, »gottlose« Regierung des Landes aus dem Sattel zu heben.

Das islamische Land fordert Rücksichtnahme

Die Toleranz hatte auch im politischen Zusammenleben mit Kopten schon ihre Grenzen: Butros Ghali, von 1991 bis 1996 als erster Afrikaner Uno-Generalsekretär, war zuvor lange Zeit der zweite Mann im Außenministerium gewe-

Die Tempelstadt Karnak ist Ägyptens außergewöhnlichster Ruinenkomplex

Vergoldetes Gesicht des Tut-ench-Amun auf dem Holzsarg, kostbares Exponat im Ägyptischen Museum

Die Stufenpyramide von Sakkara in der Nekropole von Memphis

Portal des Dendera-Tempels in »Zelt-Architektur«

Sphinx und Pyramide in abendlicher Beleuchtung

5000 Jahre Geschichte begegnen Ägypten-Reisenden zwischen Alexandria und Abu Simbel. Das Land am Nil ist das größte »Freilichtmuseum« der Welt, vieles wurde erst in den letzten 100 Jahren entdeckt und ausgegraben. Die meisten Monumente leiden seit der Freilegung unter Abgasen und Erschütterungen sowie der Ausdünstung der vielen Besucher.

sen. Minister konnte der mit einer Jüdin verheiratete Ghali laut Gesetz aber nicht werden, weil er Kopte ist.
Trotz der traditionellen Toleranz gegenüber Andersdenkenden und gerade vor dem Hintergrund der fundamentalistischen Bewegung sollten Besucher nicht vergessen, daß Ägypten ein islamisches Land ist und bestimmte Rücksichtnahmen fordert. Diese sensible Religion hat Vorschriften, mit denen unbedachte Gäste schnell kollidieren können (s. Allgemeine Reise-Infos, Verhalten). Auch Fotografen kommen mit Zurückhaltung und Liebenswürdigkeit eher ans Ziel; selbst das Verbot, Frauen abzubilden, wird in freundschaftlicher Atmosphäre manchmal aufgehoben.

Zentren für Tauchsportler: Hurghada und Sharm el-Sheikh

Eine größere Freizügigkeit herrscht – auch bei Ägyptern – in den beständig anwachsenden Ferienzentren um Hurghada am Roten Meer sowie an der Ostküste der Sinai-Halbinsel zwischen Sharm el-Sheikh und Taba nahe der israelischen Grenze. Sie sind Zentren für Tauchsportler.
Den ersten Kontakt mit Ägypten haben viele Besucher in Kairo. In einem Bogen führt dieser HB-Bildatlas Special dann den Nil entlang nach Süden und über die östliche Wüste zurück ins Nildelta im Norden.

Entlang den Pyramiden ins Mittlere und Neue Reich

Die meisten Regionen Ägyptens sind mit öffentlichen Verkehrsmitteln gut zu erreichen. Vorbei an den Wirkungsstätten des Alten Reiches, das die Pyramiden hinterließ, bringen Zug oder Flugzeug die Besucher aus Kairo beispielsweise mitten hinein in die Geschichte des Mittleren und Neuen Reiches, dessen Hauptstadt Theben war: nach Luxor, wo der Karnak-Tempel mit einer der schönsten Säulenanlagen der Welt Millionen entzückt und entrückt, nach Assuan, dessen Damm Segen und Fluch zugleich brachte, und zu den Tempeln von Kalabscha und Abu Simbel. Hohe Ingenieurskunst rettete die uralten Monumente der Macht vor dem steigenden Wasser des Nils, als der Fluß 600 Jahre nach Ibn Battuta bei Assuan gestoppt wurde.

KAIRO Mit Machfus durchs lebendige Chaos

15 Millionen Menschen muß die Hauptstadt schon verkraften, und täglich werden es mehr. Es bedarf einiger Mühe, sich in Kairo wohlzufühlen, denn die Metropole offenbart ihre Reize erst auf den zweiten Blick. Wer den Basar Khan al-Khalili (Bilder) besucht, scheint den Romanfiguren des Literatur-Nobelpreisträgers Nagib Machfus zu begegnen.

Hupende Autos, qualmende Busse, an deren Eingängen Menschentrauben hängen, Kamikaze-Taxis, hoch beladene Eselskarren – es besteht kein Zweifel: Der Ramses-Boulevard und die Straße des 6. Oktober sind die meistbefahrenen Straßen der 15-Millionen-Metropole. Generationen von Verkehrsmitteln treffen hier zusammen. Wer bei der ersten Erforschung des Molochs im klimatisierten Bus sitzt, ist gut dran und erspart sich japsende Lungen und brennende Augen. Smog und Abgase lasten über dieser Stadt der Widersprüche.
Straßenüberführungen umgeben die ehrwürdige Ramses-Statue, Autos rauschen direkt an arabesken Balkonen im dritten Stock vorbei. Von allen Seiten grüßen schlanke Minarette und Kuppeln von Moscheen, und im Osten sticht die mächtige, 1207 fertiggestellte Zitadelle vor dem Mokattam-Felsen aus dem Dunst.

Khan al-Khalili – das reicht dem Taxifahrer

Auf den ersten Blick ist Kairo eher abschreckend als einladend, man möchte sofort wieder umkehren. Der vernarbte, bröckelnde alte Teil der Stadt lädt zunächst ebenso wenig ein wie die laute Neustadt, der auch die neue U-Bahn wenig Entlastung brachte. Doch allmählich erwacht die Neugierde, entdecken Besucher die versteckten Kostbarkeiten der »alten Dame«. Man gewöhnt sich an Smog und Phon-Rekorde und erwacht zu neuem Tatendrang.
Khan al-Khalili, das reicht dem Taxifahrer als Ortsangabe zum schönsten Basar der Welt, wie das Viertel der Einkaufsgassen gern genannt wird. Am weiten Hussein-Platz wird das Schlitzohr zehn Pfund verlangen; Einheimische geben nur drei, unter fünf schafft es ein Europäer kaum.
Dem großen Platz mußten manche alte Gassen weichen, um Luft zu schaffen für das Menschengedränge. Von hier aus kann man sich auf die Suche machen nach der imaginären Midaq-Gasse, die Literatur-Nobelpreisträger Nagib Machfus in den Mittelpunkt seines gleichnamigen Romans stellte.
Es ist gut, sich die blumig beschriebenen Gestalten zu merken, denn sie begegnen Besuchern an jeder Ecke, in allen Kaffeehäusern, hinter jedem Ladentisch: Onkel Kamil, der Bonbonverkäu-

Fünf Brücken verbinden Kairos Zentrum mit der Nilinsel Roda und Gizeh

Das moderne Kairo ist häufig hektisch, Staus und Smog gehören zum Alltag. Am Nil häufen sich Wolkenkratzer. Museen und Ministerien, Hotelketten, Banken und Verwaltungen von Weltrang haben ihren Sitz in den geschäftigen Straßen, darunter die Arabische Liga. Zum modernen Kairo gehören auch die neue Oper, der vornehme Gezira Sporting Club und die Universität. Europäisch gekleidete Studenten bummeln am Nil und entspannen sich in den Cafés. Doch das Bild trügt. Das Hochschulwesen explodiert, ein von Nasser verbrieftes Recht auf eine Beamtenstelle schafft Verdruß, zumal die Jobs wenig Geld einbringen. Viele Akademiker schlagen sich als Taxifahrer oder Hausangestellte durchs Leben.

Der Midan et-Tahrir, verkehrsreicher Hauptplatz der Stadt

Am Hauptbahnhof staut sich der Verkehr

fer, dessen hemdartige Djilbab stramm gegen den Tonnenbauch drückt. Herr Salwin Alwan, der stattliche Handelshaus-Chef mit Kaftan und wippendem Tscherkessen-Bart. Und der fromme und gütige Radwan al-Husaini mit Bart auf Backen und Kinn, der seine hohe Statur in eine stoffreiche Abaja, den mantelartigen Überwurf aus Wolle, hüllt.

Gold, Glas und Brokat blenden die Augen

Seit der Zeit, die der große ägyptische Erzähler beschreibt, seit dem Umbruch, als das kreischende Radio die rezitierenden Dichter aus den Cafés vertrieb, haben sich die Menschen im Stadtteil Muski kaum verändert. Neu sind nur

Diplomfeier an der Kairo-Universität

die flimmernden Mattscheiben, die anstatt der klirrenden Lautsprecher für Unterhaltung sorgen.
Vor dem Eingang zum Basar strömen die Gläubigen in die Hussein-Moschee, die mit ihrem eigenwilligen, filigranen Minarett aus dem Häusermeer herausragt. Die vorwiegend schiitische Gebetsstätte – die meisten Ägypter sind Sunniten – verlangt von »Ungläubigen« äußerste Zurückhaltung, den heiligen Grabraum dürfen sie in keinem Fall betreten. Hier liegt nach Volkes Meinung der Kopf Husseins, Schwiegersohn des Propheten Mohammed, der im Jahr 680 in der Schlacht von Kerbela getötet wurde. Die Lehrer der Azhar-Universität haben es längst aufgegeben, diesem Volksglauben zu widersprechen.
An der Seitenfront der Moschee wird man wie durch einen Sog in die erste Basargasse gezogen. Hier beginnen orientalische Düfte die Sinne zu berauschen, Gold, Glas und Brokat blenden die Augen. Gleich links schlürfen Gäste

Statue des Ramses II. vor dem Bahnhof

Ägypter lieben Sesamkringel

Treffpunkt im Basar: das Fishawi-Café

Verführerische Parfümdüfte des Orients

Der Khan al-Khalili ist eine eigene Welt: Schafe im Stoffbasar

Wer den Khan al-Khalili nicht kennt, hat Kairo nicht gesehen. Der mehr als 600 Jahre alte, einst persische Handelsplatz ist das Einkaufszentrum für Einheimische und Fremde. Man muß sich hier Zeit lassen, um die Atmosphäre zu riechen, zu hören, zu sehen. Man muß honigsüßen Minztee probieren, Nüsse knabbern, Datteln kauen, an der Wasserpfeife saugen. Allein durch die Gassen zu schlendern, zu handeln, nur ein Drittel des geforderten Preises zu bieten, über Gott und die Welt zu jammern, um sich dann in Freundschaft zu trennen – das ist Basar-Erlebnis pur.

Ein neues Restaurant im alten Viertel Kairos

Pistazien und Kürbiskerne für Knabber-Freunde

Ein Messingteller wird ziseliert und gepunzt

genüßlich ihren Tee in zwei Kaffeehäusern, hinter denen, nur durch ein Gäßchen erreichbar, das Café Fishawi versteckt liegt. Bei Machfus ist es als Kirscha-Kaffeehaus beliebter Treffpunkt der Midaq-Männer.

Hier zu sitzen ist mehr wert, als durch das alte Kairo zu hetzen: Man glaubt, Abbas al-Hilu, dem fülligen Friseur, zu begegnen, wie er genüßlich an der Schischa, der Wasserpfeife, nuckelt. In den großen Spiegeln mit handgeschnitzten, barocken Holzrahmen sieht man die Ober vorbeiflitzen, über den Gästen baumeln die Kristalleuchter. Es wird palavert und Domino gespielt.

Ali el-Fishawi, der Besitzer im wirklichen Leben, steht unter einem ausgestopften Krokodil und gibt streng seine Anweisungen. Die Kairoer lieben das seit 250 Jahren bestehende Kaffeehaus und genießen den auf Holzkohle warmgehaltenen Naana, den kräftigen, süßen Minztee. Manche lassen sich vom nächsten Stand eine Felaffel bringen, wie die mit Hirse, Salat, Sesam, Kichererbsen-Bouletten (Tamir) und Sauergemüse gefüllten, warmen Fladenbrote genannt werden.

Nur ausgekochte Feilscher kommen auf ihre Kosten

In der Seket el-Badistan und ihren Seitengassen drängen sich die Geschäfte mit Souvenirs und Schnickschnack. Schlepper (»Ich habe Bruder in Daitschland ...«) und auf Nebenverdienste angewiesene Reiseleiter empfehlen Gold- und Teppichläden, in denen nur ausgekochte Feilscher auf ihre Kosten kommen. Wohl denen, die Arabisch verstehen, denn sie erleben Bauern aus Faijum und dem Nildelta, die hier ihre Einnahmen aus Baumwolle und Zuckerrohr in Gold umsetzen: eine in der arabischen Welt über Jahrhunderte bewährte Art der Geldanlage.

Am Rande des Basars zweigt von der Shari el-Azhar die breite Straße Gohar el-Quaid ab. Auch hier blüht der Handel mit dem Gold. Parallel dazu führt die »Sandaqeija« in einen Stadtteil, der von Touristen nur selten besucht wird. Dieses Viertel befriedigt die Bedürfnisse für den Alltag: Obst, Gewürze und Möbel werden dort verkauft.

»Sanadiqeija« heißt die Gasse leicht verfremdet oder falsch übersetzt im Machfus-Buch. In ihrer Mitte zweigt rechts die »Midaq« ab, eine unscheinbare Sackgasse, in die der Schriftsteller das Muski-Viertel legte.

In der Wirklichkeit zeigen sich hier die Schattenseiten Kairos: Onkel Kamil, der Bonbonverkäufer mit dem Fliegenwedel und dem aufgeblähten Gesicht, hat nur einen winzigen Bonbonkiosk hinterlassen, ein Gewürzhändler verbreitet noch Düfte aus Tausendundeiner Nacht, und über den Treppen liegen die Stuben eines Lederschneiders und eines Handwerkers, dessen Aushängeschild hebräische Buchstaben zeigt. Mißtrauische Augen beobachten die Eindringlinge. Hier lebt Kairo sein echtes Leben. Man schätzt keine Neugierigen, die den verschmutzten Zita suchen, der blinden oder verkrüppelten Bettlern hilft, berufsmäßig um Backschisch zu wimmern. Man will auch nicht, daß fremde Ohren die schrille Stimme der Bäckersfrau Husnija hören, die eben wieder ihren Mann Djada mit dem Pantoffel bearbeitet.

Dicht bevölkert: der Eingang zum Basar

Das Kontrastprogramm zum Khan al-Khalili beginnt kaum zwei Kilometer westlich in Richtung Nil. Die Sharia Qasr en-Nil ist die Einkaufsstraße der wohlhabenden Ägypter. Dort flanieren die Damen in westlichem Chic auf der Suche nach modischem Schmuck und laben sich bei »El Mariott« (Mohandesin) oder »Donats« (Dokki) an orientalischen Leckereien: Baiser, Törtchen, Napoleonschnitten, Liebesknochen.

Am Talaat Harb-Platz wird deutlich, daß Kairo auch der Markt für arabische Literatur ist. Hier erstehen Intellektuelle die Lieblingslektüre der arabischen Welt: »Die Sprache des Ach! Ach!« des Novellisten Yussuf Idris, eines Bauernsohns aus dem Nildelta, oder die Gedichte von Afifi Matar, die sich mit traumhaften Schreckensvisionen und mit arabischen Diktaturen befassen, die aus den Untertanen eine stumm duldende Herde machen. Beliebt ist im islamischen Ägypten auch »Sturz des Imam«, das neueste Buch der Schriftstellerin Nawal El-Saadawi, einer Vertreterin der feministischen Linken.

Aly Baba – das Café des Nobelpreisträgers

Trotz aller Toleranz, die man den Ägyptern bescheinigen kann, müssen die kritischen Themen Politik und Religion mit Samthandschuhen angefaßt werden. Das weiß auch Nagib Machfus, dessen Buch »Kinder unseres Viertels« in Kairo nie erschienen ist; in ihm treten Moses, Jesus und Mohammed als Revolutionäre den auf Bajonetten ruhenden Mächtigen entgegen.
Ein paar Schritte weiter hat der Nobelpreisträger seinen Stammtisch im ersten Stock des Cafés Aly Baba am Tahrir-Platz, direkt über der U-Bahn-Haltestelle Sadat. Ohne Unterlaß braust der Verkehr über den Kreisverkehr, ständiges Gehupe dringt hinauf. Auf dem Midan et-Tahrir befindet sich auch der Kairoer Busbahnhof, zu erkennen am besonders dichten Menschengedränge. Auf der linken Seite ragen an der Corniche die Hotel-Giganten auf, und wenige Schritte hinter der Busstation stoppt das Ägyptische Museum den schweifenden Blick.

Ägyptisches Museum: Falscher Ehrgeiz ist nicht angebracht

Falscher Ehrgeiz ist nicht angebracht: Niemand schafft es, diese Schatzkammer mit einem einzigen Besuch zu ergründen. Es ist zu wenig Platz für 100 000 Exponate, und die Führer lassen keine Ruhe. Im Eineinhalb-Stunden-Rhythmus schleusen sie die Besuchergruppen durch die Säle. Wer länger verweilt, wird rasch umschwärmt von Kunstbeflissenen, die das Ohr in allen Sprachen der Welt malträtieren.
Erst der zweite Besuch bringt echten Gewinn. Ausgestattet mit einem sach-

In der Al-Azhar-Moschee: Gläubige Moslems verneigen sich vor Allah

Die Al-Azhar-Moschee

Die Alabaster-Moschee ist Kairos Wahrzeichen

Wohin der Blick auch schweift, überall sind Kuppeln und Minarette der mehr als 500 Kairoer Moscheen zu sehen. In den heiligen Räumen sollten Fremde zurückhaltend sein, den Anweisungen der Wärter folgen, immer die Schuhe ausziehen und nie mit Shorts oder nackten Schultern eintreten. Frauen müssen ihr Haar oft mit einem Tuch bedecken.

Die Zitadelle, ab 1176 von Saladin erbaute Festung

Minarett der Ibn Tulun-Moschee

In der Al-Muallaka-Kirche

Kolonnade der Mohammed Ali-Moschee

kundigen Begleiter oder eigenem Grundwissen, spezialisiert man sich am besten auf persönliche Höhepunkte: das Leben der Handwerker und Bauern rund um den lebensnah dargestellten, hölzernen »Dorfschulzen«, die vom Zahn der Zeit angenagte kupferne Statue von Pepi I. aus dem Alten Reich, das Kalksteinbild mit dem braunen Rahotep und der weißen Nofretete als Sinnbild der Vereinigung von Unter- und Oberägypten, oder der Zwerg Seneb, der sich eine gutgewachsene Prinzessin »erdiente« und mit ihr wohl zwei Kinder zeugte, die mit Hingabe am Zeigefinger lutschen. Die menschliche Seite hinter Jahrtausenden der Dynastien, Kriege und Eroberungen.

Den Spuren der kuhäugigen Göttin Hathor zu folgen wäre ein weiteres interessantes Thema. Oder sich auf den rebellischen Amenophis IV. zu konzentrieren. Besser bekannt als Echnaton, leistete er Grundarbeit für spätere Religionen und den Monotheismus.

Hinter der ägyptischen Schatzkammer liegt mitten im träge fließenden Nil die Insel Gezira, das fortschrittliche und reiche Kairo. Der südliche, grüne Teil beherbergt Gärten, Ausstellungsgelände mit Museen und den Sportclub Kairos. Dort steht der 176 Meter hohe Cairo Tower, ein Fernsehturm, von dessen Aussichtsplattform sich ein herrlicher Ausblick über Kairo bietet.

Residenz reicher Kaufleute: das moderne Viertel Zamalek

Im Norden der Nilinsel liegt der moderne Stadtteil Zamalek, Residenz reicher Geschäftsleute und feine Adresse vieler Büros. Yehia Tarabay beispielsweise dirigiert von hier aus eine leistungsfähige Agentur für Reiseveranstalter. Der Kaufmann liebt das deutsche Wesen – oder was er dafür hält, Pünktlichkeit auf die Minute vor allem. Ein Zug, der Deutschen von vielen gebildeten Ägyptern unterstellt wird und den sie im Umgang mit ihnen gerne nachahmen.

Als Ersatz für die 1869 aus Anlaß der Eröffnung des Suezkanals vom verschwenderischen Vizekönig Ismael eröffnete und 1971 abgebrannte alte Oper wurde 1988 in Gezira die neue Musikstätte errichtet, eine Oase der Ruhe inmitten eines nicht zu bändigenden Verkehrschaos.

Die Oper ist ein neuzeitliches Beispiel

islamischer Baukunst, ausgestattet mit moderner Opernbühne, Galerie, Bibliothek, dem Museum alter ägyptischer Musikinstrumente und einem eleganten Open-Air-Theater, das auch für Empfänge genutzt wird. Ein 120-Millionen-Objekt für die Kultur angesichts der herrschenden Armut? Kritikern begegnen die Kairoer elegant: Die Oper war ein Geschenk der japanischen Regierung.

Wertewandel und Mangel an Wohnraum: Problem einer Familie

Südlich von Gezira liegt die Nilinsel Roda. In der unteren Hälfte wohnen seit Jahrhunderten die einfachen Familien Kairos: Viele Handwerker und gläubige Menschen, die in großen Teppichzelten tagelang ihre Toten beweinen. Dort lebt auch Ibrahim el-Khorazati, ein Glaser. Um eine Werkstatt aufzubauen, arbeitete er jahrelang in Deutschland. Zwölf Mark pro Stunde, 14 Stunden Arbeit täglich und freie Logis, damit hat er sich ein Vermögen zusammengespart.

Die Söhne konnten studieren, und Rabab, die Tochter, soll gut verheiratet werden. Ein Beruf für sie sei überflüssig, meint Ibrahim el-Khorazati. Doch der Fortschritt und typische Probleme Kairos machen auch vor seiner Familie nicht halt: Begegnungen mit Europäern weckten in der Tochter Selbstbewußtsein, und nach Ende ihrer Schulzeit ging sie in ein Reisebüro und verdient dort etwa 200 Mark im Monat. Die Brüder möchten heiraten, doch sind Wohnungen in Kairo nicht mehr zu bezahlen. Da die Wohnung der Eltern nicht ausreicht, bleibt nur der Verzicht. Die Menschen auf Roda haben ihre Träume vom neuen Haus längst begraben, und Ibrahim, der Glaser, muß bald eine neue Arbeit suchen. Wenn nicht gebaut wird, braucht man auch keine neuen Fenster.

Mit einer von Hand gezogenen Fähre kommt man in wenigen Minuten von Roda nach Alt-Kairo, dem christlichen Viertel. Dieses arabische Ur-Kairo, nach dem Fall des römisch-byzantinischen Forts Babylon als Fustat gegründet, ist gut 1340 Jahre alt.

Goldener Grabschrein des Tut-ench-Amun

Maske einer königlichen Person

Innenhof des Koptischen Museums

Der übliche Anfang: eine Moschee zu Ehren Allahs

Wie üblich bauten die islamischen Eroberer als erstes eine Gebetsstätte zu Ehren Allahs, die Amr Ibn al-Ass-Moschee; sie ist das erste islamische Gotteshaus in Afrika. Südlich davon entstand das Viertel der Kopten mit ihren vielen Kirchen. Die St. Sergius-Kirche, das wahrscheinlich älteste christliche Gotteshaus Kairos, wurde über der Krypta errichtet, in der die Heilige Familie auf der Flucht vor Herodes Zuflucht fand.

Der Weg ins Paradies führt durch eine Doppelsäule

Gleich um die Ecke, noch vor dem reichen Koptischen Museum und der Basilika der Heiligen Jungfrau Maria, liegt die Ben Esra-Synagoge. Eine Vorgängerin soll es schon im Jahre 30 v. Chr. gegeben haben. Es ist symbolisch für ägyptische Toleranz, daß die Gotteshäuser aller drei großen Religionen friedlich beieinander stehen. Der biblischen Prüfung in der Amr-Moschee dürfen sich jedenfalls alle unterziehen, unabhängig vom Glauben: Wer sich durch die Doppelsäule im Westliwan zwingen könne, komme ins Paradies, heißt es in der Überlieferung.

Noch einmal ziehen die wichtigsten Ereignisse und Bauwerke aus Geschichte und Neuzeit an den Besuchern vorbei, die oben auf der Terrasse der Zitadelle stehen. Zusammen mit Mohammed Alis prächtiger Alabastermoschee ist das Bollwerk Kairos eindrucksvollstes Wahrzeichen. Unten liegt die Stadt, ohnmächtig im Bannkreis von fressendem Smog und stetig wachsender Bevölkerung. Hupend ziehen Autos an den qualmenden Bussen vorbei.

REISE-INFO
KAIRO

Karte S. 110/111, Planquadrat D 3, 4.
Anfahrt: Chartertouristen werden am internationalen Flughafen von den Agenturen ihres Reiseveranstalters abgeholt. Individualreisende nehmen am besten ein Taxi in die Stadt, nachdem sie sich beim Informationsstand nach dem ungefähren Fahrpreis erkundigt haben – wichtig, um für das Aushandeln mit dem Taxifahrer einen Anhaltspunkt zu kennen.
Wer trotz des ständigen Verkehrschaos unbedingt einen Leihwagen für Kairo braucht, kann ihn bereits in Deutschland buchen und am Flughafen in Empfang nehmen. Bis in die Innenstadt ist bei normalem Verkehrsaufkommen mit einer halben bis dreiviertel Stunde Fahrtzeit zu rechnen.
Verkehrsmittel: Kairos innerstädtische Busse sind stets überfüllt. Es empfiehlt sich, mit der in Ausbau befindlichen Metro zu fahren, die wichtige touristische Zentren miteinander verbindet: die Plätze Midan et-Tahrir (Busstation, nahe Ägyptisches Museum) und Ramses (Hauptbahnhof). Die Tickets (Teilstrecke 50, Gesamtstrecke 100 Piaster) müssen vorher gekauft und bei Betreten und Verlassen des Metrobereichs entwertet werden. Die Stadtbahn verbindet auch den südlichen Vorort Heluan mit Kairo (Bab el-Luk-Station nahe dem Midan et-Tahrir).
Fremde überwinden weite Strecken in Kairo am besten mit Taxis. Die häufig altertümlichen Vehikel sind für unsere Verhältnisse preiswert, und die Fahrer kennen gute Schleichwege, um Staus zu umgehen. Der Fahrpreis muß vor Antritt der Fahrt ausgehandelt werden (Anhaltspunkte beim Hotelportier, der gerne ein Taxi bestellt, weil er dafür eine Provision kassiert).
Unterkunft: In jeder Kategorie eine große Auswahl an Hotels und Pensionen. Für Mitteleuropäer eignen sich Häuser mit vier Sternen am besten, sie garantieren mitteleuropäischen Komfort, Fünf-Sterne-Häuser bieten absoluten Luxus. Sehr gute, doch teure Adressen (ab 200 Mark für zwei Personen im Doppelzimmer) sind in Kairo: Marriott, Nile Hilton, Ramses Hilton, Cairo Sheraton, El Gezirah Sheraton, Hyatt, Mövenpick, Le Meridien, Semiramis Inter Continental. In Heliopolis ist das Swiss-Hotel El Salam (fünf Sterne) zu empfehlen.
Das traditionsreichste Luxushotel ist das Mena House Oberoi in Gizeh, in dem man wenigstens einmal einen Tee trinken sollte, beispielsweise nach dem Pyramiden-Besuch.
Preiswert, etwas einfacher, aber gepflegt, von deutschen Gästen gerne besucht, sind das Hotel President im feineren Stadtteil Zamalek, das Kemet-Hotel im Stadtteil Abbasia zwischen Flughafen und Stadtmitte sowie das Hormoheb an der Pyramidenstraße in Gizeh. Für Zwischenübernachtungen eignet sich das gleich beim Flughafen liegende Novotel, ein Vier-Sterne-Haus.
Ausgehen: Den besten Bauchtanz Ägyptens bekommt man in Kairo zu sehen, ob in den großen Hotels oder in entsprechenden Nachtclubs. Jahrzehntelang galt das Sahara City als Tip, jetzt ist es abgelöst von Nachtclubs wie Casino El-Lel, La Cave des Rois, Parisiana, Tivoli und Salt and Pepper.
Einen ähnlich guten Ruf genießen die Schiffe »Nile Crystals« (Abendessen, Bauchtanz und Folklore).
Auch bei den Ägyptern beliebt sind die Nachtclubs der großen Hotels, besonders die Mameluke Bar und Oasis im Mena House Oberoi, das Al Hambra und Aladin im Sheraton sowie das Belvedere und Jackies im Nile Hilton.
Empfehlenswerte Restaurants mit ägyptischer Küche: Felfela (Shariya Hoda Shaarawy 15, südlich vom Midan Talaat Harb), das Garden Felfela an der Shariya Alexandria nahe den Pyramiden, das Arabesque (mit Galerie), Sharya Kasr el-Nil 6, Caroll, Kasr el-Nil 12, das Fischrestaurant Seahorse, Corniche al Nil (gegenüber Salaam-Hospital) und der Schnellimbiß L'Américaine, Ecke Talaat Harb Str./26th July Street.

Blick in den Nilometer auf der Insel Roda

Museen: Das **Ägyptische Museum** liegt am Midan et-Tahrir nahe dem Nil und dem Busbahnhof. Leider befindet sich dieses Museum seit Jahrzehnten in einem miserablen Zustand, ist verstaubt und zu eng. Es bleibt aber Ägyptens reichste Schatzkammer und verschafft den besten Überblick über die reiche Geschichte und Kultur des Landes. Da man bei einem Besuch nicht einmal die wichtigsten Schätze dieses Museums sehen kann, sollte man am Anfang und Ende der Ägypten-Reise je einen Besuch einplanen: am Anfang für einen groben Überblick und am Ende, um die Originale genauer zu betrachten, nachdem man unterwegs ihre Fundstellen kennengelernt hat.
Unbedingt ansehen sollte man sich die kompletten Schätze des Tut-ench Amun-Grabes (im Obergeschoß), den hölzernen Dorfschulzen (Saal 42), Holzstelen mit sehr alten Hieroglyphen (Saal 37), das doppelte Kalkstein-Sitzbild des braunhäutigen Prinzen Rahotep und der weißen Nofretete als Sinnbild der Vereinigung von Ober- und Unterägypten sowie den Zwerg Seneb mit seiner schön gewachsenen Frau und den beiden Kindern (Saal 32), die Göttin Hathor aus dem Neuen Reich, die Kuhgestaltige (Saal 12).
Wichtig: Filmen und Fotografieren mit Blitz ist verboten, ohne Blitz nur gegen hohe Gebühr (je Aufnahme). Öffnungszeiten: täglich 9 bis 16 Uhr, fr 9 bis 11.30 und 13.30 bis 16 Uhr.
Das **Museum für islamische Kunst** und die **Ägyptische Bibliothek** (Midan Ahmed Maher Pasha östlich des Ägyptischen Museums) verschaffen einen guten Einblick in den Islam und seine Kultur sowie ihre Entwicklung in der Geschichte Ägyptens. Täglich 9 bis 16 Uhr, fr 9 bis 11 und 13.30 bis 16 Uhr.
Koptisches Museum: Allein der orientalische Bau mit schönen Maschrabiya-Fenstern (Holzarbeiten), dem Innenhof und den hohen Bäumen ist einen Besuch wert. In dem Museum findet man eine für Kairos Verhältnisse überraschend geordnete Sammlung zur koptisch-christlichen Geschichte der Stadt: dekorative Architekturelemente aus diversen Klöstern, Fresken, darunter »Adam und Eva bei der Vertreibung aus dem Paradies«, wertvolle Stoffe mit Darstellungen aus der griechischen Mythologie, Ikonenbilder, Elfenbeinschnitzereien, wundervoll mit Elfen-

bein und Perlmutt eingelegte Holzarbeiten sowie Handschriften auf Papyrus, Pergament und Leinenpapier in koptischer und arabischer Sprache. Täglich von 9 bis 16 Uhr, fr 9 bis 11 und 13 bis 16 Uhr.

Sehenswürdigkeiten: Alt-Kairo, auch Babylon genannte ehemalige Festung. Es ist das ursprüngliche, historische Kairo und liegt gegenüber der Nilinsel Roda und dem Stadtteil Gizeh. Alt-Kairo ist das koptisch-christliche Viertel der Stadt, beherbergt aber auch die Ben Esra-Synagoge.

Von Roda ist Alt-Kairo mit einer kleinen Bootsfähre für wenige Piaster erreichbar. Von Kairos Zentrum mit der Bahn in Richtung Heluan, Haltestelle Mari Girgis.

Zu den wichtigsten Kulturdenkmälern und religiösen Stätten zählen neben der Synagoge das koptisch-orthodoxe Kloster St. Georg, die Kirche-der-Heiligen-Jungfrau (Qasirat al Rihan), Kirche und Kloster St. Georg (griechisch-orthodox), die Kirchen Santa Barbara und St. Sergius, Reste römischer Türme und Mauern sowie das Koptische Museum (s. Museen).

Genauer betrachten sollte man die Kirche der Heiligen Jungfrau Maria, die über einem Tor in die Festungsmauern integriert ist (daher ihr Beiname »die Hängende«, al-Muallaka). Die älteste Kirche Kairos etwas westlich ist dem heiligen Sergius geweiht: Die St. Sergius (Abu Serga) wurde über der Stelle errichtet, die der Heiligen Familie bei ihrer Flucht als Versteck gedient haben soll. Beide Kirchen wurden bis ins 19. Jahrhundert hinein mehrfach verändert. Die Kirche der Heiligen Jungfrau (Qasirat al Rihan oder al Azra, ab 860) fiel Ende der siebziger Jahre einem Brandanschlag zum Opfer und ist nicht wieder völlig restauriert. Das noch bewohnte Nonnenkloster St. Georg entstand ab dem 10. Jahrhundert.

Die Synagoge Ben Esra (oder Kanisat Eliahu) soll schon vor der Zeitenwende im Zentrum eines jüdischen Viertels gestanden haben und 30 v. Chr. von römischen Soldaten zerstört worden sein. Ende des vergangenen Jahrhunderts wurden hier wertvolle Schriften aus der Frühzeit des Judentums gefunden. Freitag abend und Samstag ist die Synagoge nur für gläubige Juden geöffnet.

Opernhaus (Cairo Opera): Der aufwendige, postmoderne Bau von 1988 mit großem Park auf der Nilinsel Gezira ist ein Geschenk Japans an Ägypten als Ersatz für die 1971 abgebrannte alte Oper in der Stadtmitte. Es gibt Gastspiele mit internationaler Besetzung und andere kulturelle Veranstaltungen, darunter Kunstausstellungen. Info: Tel. 3 42 06 01.

Cairo Tower: Der 187 Meter hohe Fernsehturm steht im Zahria Garden im Süden der Nilinsel Gezira und bietet einen guten Blick über die ganze Stadt. Drehrestaurant im 14., Cafeteria und Bar im 15. Stockwerk. Täglich ab 9 Uhr (Aufzug).

Nilometer: An der Südspitze der Nilinsel Roda, leider nicht immer geöffnet. Diese raffinierte Meßstation für den Wasserstand des Nils diente dem Kalifen el-Hasib und seinen Nachfolgern ab 862 zur Festlegung der Steuern. Anhand des Nilometers beurteilten sie, wie viel Agrarfläche vom Nilschlamm bedeckt und damit fruchtbar werden würde. Mit etwas Glück kann man das turmähnliche, zwölf Meter hohe Brunnenhaus betreten und zur achteckigen Meßsäule hinabsteigen.

Zitadelle: Südlich des Basars und der Al-Azhar-Moschee gelegene Festungsanlage, ab 1166 von Saladin erbaut. Bis ins 19. Jahrhundert hinein war sie offizieller Regierungssitz. Zu den wichtigsten Gebäuden zählt die Alabaster-Moschee (eigentlich Mohammed Ali-Moschee) im türkischen Stil.

Hinter der Moschee genießt man von der Terrasse eine grandiose Aussicht über Kairo, besonders schön bei Sonnenuntergang. An die Terrasse grenzt der Palast des Mohammed Ali Bijou (Museum).

Vor der Zitadelle steht am Midan Salah el-Din die Sultan Hassan-Moschee von 1356, eine der bedeutendsten des Islam, mit prunkvollem Innenhof und kostbaren Ketten für die dekorativen Glaslampen. Von der Grabkammer des Sultans aus bietet sich der berühmte Blick durch die Gitterstäbe auf die Zitadelle. Täglich 9 bis 17 Uhr.

Moscheen: Von den mehr als 500 Moscheen (und insgesamt 700 bis 1000 Minaretten) Kairos sind besonders sehenswert: die Al-Azhar-Moschee mit der ältesten Universität der Welt, seit 970 das geistige Zentrum des Islam, gegenüber dem Basar. Der 3000 Quadratmeter große Hauptliwan ist mit kostbaren Teppichen ausgelegt, 140 Säulen tragen seine Decke. Im Zentrum der Moschee steht der Mihrab von 970 mit zarten Stuckornamenten aus dem 13. Jahrhundert.

Schräg gegenüber befindet sich die Hussein-Moschee, ein moderner Bau in türkischem Stil und mit eigenwilligem Minarett. Die Moschee ist das Zentrum der schiitischen Moslems.

Um die Ibn Tulun-Moschee zu erreichen, muß man westlich der Zitadelle auf den Yashkur-Hügel fahren oder laufen. Die festungsartige Moschee wurde ab 876 als erster islamischer Sakralbau Kairos auf einer 2,5 Hektar großen Fläche errichtet, sie ist die drittgrößte Moschee der Welt. Vom Pavillonturm bietet sich eine schöne Aussicht über das mittelalterliche Kairo mit den vielen Moscheekuppeln.

Einkaufen/Basar: Die engen Gassen des Khan al-Khalili sind die beste Adresse für typische Souvenirs: Gewürze, Lederwaren, Stoffe, Messingarbeiten, Goldschmuck, Holzintarsien- und Perlmutt-Arbeiten. Das muntere Leben in diesem Basar sollte man sich nicht entgehen lassen. Moderne Einkaufsstraßen sind Midan und Shariya Talaat Harb, Shariya 26. July, Bey Farid, Midan Mustafa Kamil (mit dem Mustafa-Denkmal), Shariya Kasr al Nil (buntester Teil des Einkaufszentrums).

Information: Shariya Adly 5 (Hauptbüro), Telefon 3 91 34 54 mit Außenstelle am Flughafen. Touristenpolizei vor dem Südeingang zum Basar Khan al-Khalili.

Die Fassade des Ägyptischen Museums

Auf dem Midan et-Tahrir herrscht stets geschäftiges Treiben

Wahrzeichen der Stadt: die Zitadelle

»Ägypten erwacht« heißt diese Statue

Diplomfeier an der Universität

Um den Midan et-Tahrir kommen Besucher der Stadt nicht herum. Von Kairos Hauptplatz starten die Busse in alle Richtungen. Den ganzen Tag über herrscht dort reges Treiben.
Eines der Wahrzeichen Kairos ist die Zitadelle, die ab 1166 von Saladin erbaut wurde. Die Festung mit der integrierten, schönen Alabaster-Moschee war bis ins 19. Jahrhundert Sitz der ägyptischen Regierung.

Die Ibn Tulun-Moschee wurde ab 876 gebaut

GIZEH Grabmonumente im Schatten der Großstadt

Ausritt vor den Pyramiden: Die Grabmonumente von Gizeh sind die bekanntesten Bauwerke des alten Ägypten. Wie eine Krake schieben sich Kairos Vororte immer näher an die Pharaonengräber, Abgase, Wasser und Tourismus nagen an den Denkmälern. Wissenschaftler rätseln, wie sie gerettet werden können.

Keine Ägyptenreise ohne einen Besuch in Gizeh. Wo jenseits des Nils die Wüste beginnt und sich heute der Moloch Kairo dem Sonnenuntergang entgegenschiebt, ist das Dorf Naslit el-Semman längst zum Souvenir-Flecken verkommen. Schreiende Werbeschilder für Verkaufsstände mit den Phantasienamen Ramses Papyrus, Moses Bazaar und Valley of the Kings stehen bis an die Pfoten des kränkelnden Sphinx.
Aufdringlich sind auch die Kamelvermieter, Backschischjäger und ungebetenen Fotomodelle, die wenigstens vor den heiligen Pharaonengräbern durch ein Gatter aufgehalten werden. Ob Ali, Mahmoud oder Said, alle stammen sie aus der etwa 5000 Angehörige zählenden Beduinensippe der Fayeds. Sie teilen sich den Reibach, den kunstfreudige Ägyptenbesucher ermöglichen. Die manchmal schmuddelige Kleidung verbirgt: Die Fayeds sitzen auf Gold.
Grandios ist die Sargkammer des Pharaos Cheops: 2,3 Millionen Steinblöcke schleppten die Untertanen des Herrschers ab 2551 v. Chr. herbei und türmten sie im Laufe von 23 Jahren jeweils während der drei Monate dauernden Nilüberflutung zu einer Pyramide auf – jeder Block mit einem Gewicht von 2,5 Tonnen. Allein diese gewaltige Leistung reizt, den beschwerlichen Einstieg durch das Loch der Grabräuber zu wagen, doch: Drinnen steht nur ein zerschlagener Sarkophag inmitten des granitverkleideten Raumes. Die bei 30 Grad und 95 Prozent Luftfeuchtigkeit hineingekletterten und schwitzenden Besucher können ihre Enttäuschung oft nicht verbergen.

Lädiert und geflickt: das traurige Bild des Sphinx

Ein trauriges Bild bietet der Sphinx, vor 4500 Jahren für Pharao Chephren als Wache der zweiten Gizeh-Pyramide aus Stein gehauen. Schon im frühen 15. Jahrhundert von Arabern lädiert, befürchten manche Wissenschaftler, daß die Statue eines Tages ihren Kopf verlieren könnte. Anfang 1988 fielen vier Zentner Kalkstein aus der Schulter des Löwenmenschen, die gewaltigen Pfoten sind erneuert worden, und immer wieder ersetzen Arbeiter zerstörte Teile der Figur. Die Abgase der nahen Stadt, das ansteigende Grundwasser und das Abwasser aus Naslit el-Semman nagen an dem Fabelwesen, unterstützt vom schmirgelnden Wüstensand.
Lange vor den heutigen Bemühungen, den Sphinx vor dem Verfall zu retten, ließ um 1279 vor unserer Zeitrechnung der berühmte Herrscher Ramses II. die Figur schon restaurieren. Etwa 100 Jahre zuvor hatte Thutmosis IV. wahrscheinlich die Statue seines Vaters Amenophis II. vor der Sphinx-Brust errichten lassen; diese Figur ist heute verschwunden.
Lange Zeit war der Sphinx danach unter Sand begraben, nur der Kopf schaute hervor. Wissenschaftler, die Napoleons Truppen 1798 bei der Invasion begleiteten, begannen als erste Europäer mit der Erforschung des alten Ägypten. Wenige Jahre später legte Kapitän Giovanni Caviglia aus Genua auf der Suche nach einem Eingang in den Sphinx den Brustbereich frei, entdeckte eine Kapelle und nahm zwei Ramses-Stelen mit, die heute im Pariser Louvre ausgestellt sind. Erst in den Jahren 1925/26 grub der französische Ingenieur Emile Baraize die Statue ganz aus.

Gizeh: aus dem Bus aufs Kamel

Wissenschaftler aus aller Welt arbeiten heute am Sphinx, vermessen ihn mit stereoskopischer Fotografie und Computerhilfe und stellen dreidimensionale Modelle her, um zu ergründen, wie die Figur vor Tausenden von Jahren ausgesehen haben mag.
Das Flickwerk der letzten Jahrzehnte, die mit Zementplomben zugeschmierten Löcher, setzen das Zerstörungswerk fort. Denn Kalkstein darf nicht mit Wasser in Berührung kommen; das Gestein hat Salz gebunden, das in Verbindung mit Feuchtigkeit zersetzend wirkt.
Aus aller Welt kommen Vorschläge, wie der Sphinx gerettet werden könnte: Auf

Immer näher rückt Kairo an die Pyramiden

Der Sphinx vor der Chephren-Pyramide

Die Grabmale der Pharaonen Mykerinos, Chephren und Cheops

Grundwasser und Smog gefährden den Sphinx

Beim Anblick der Weltwunder in Gizeh erstarren die Besucher achtungsvoll vor den Leistungen der pharaonischen Baumeister, die vor 4500 Jahren weder über das Rad oder den Flaschenzug noch über Werkzeuge aus Eisen verfügten. Auf ansteigenden Rampen ließen sie die Kalksteinblöcke mit Tauen, Hebeln, Holzrollen und Holzschlitten nach oben befördern.

Für die Cheops-Pyramide schufteten 5000 Arbeiter 23 Jahre lang auf der Baustelle und im Steinbruch. Fast 147 Meter war das Grabmal einst hoch, heute sind es noch imposante 137 Meter. 143,50 Meter maß das Grab seines Sohnes Chephren, nur 66,50 Meter die Pyramide des Enkels Mykerinos.

Tonnenschwere Steine schleppten Arbeiter heran

wenig Resonanz stieß die Idee, eine riesige Glaspyramide nach Art einer Käseglocke über ihn zu stülpen. Das US-amerikanische Getty Conservation Institute regte an, eine Halle mit verschiebbarer Wand um die Figur zu bauen, und manche wollen sie auch durch eine riesige Mauer von der herannahenden Stadt abschirmen.
Für die Souvenirhändler würde jeder

Töpfern wie zu Pharaos Zeiten

dieser Rettungsversuche Einbußen bedeuten, doch sie sind zuversichtlich: Abu Mahmoud, einer aus dem Clan der Fayeds, zwirbelt seinen Bart, schimpft kräftig über die Aufseher zu Pferd und Kamel, die sie von den Touristen wegtreiben, und über die vorgesehene Verlegung der Parkplätze, weil er nicht einsehen will, daß Erschütterung und Abgase der ständig mit laufenden Motoren geparkten Busse Schaden anrichten. Aber er setzt auf einen neuen Fund: die gerade entdeckte Arbeiterstadt neben Naslit el-Semman. Hier läßt sich das Leben der einfachen Menschen im alten Ägypten erforschen. Hundert Gräber, einige mit schönen Statuen, haben Bauarbeiter entdeckt. Erregende Neuheiten aus alter, immer noch geheimnisvoller Zeit.
Der für Gizeh und Sakkara zuständige Generaldirektor Dr. Zahi Hawass will die Wunderwerke durch radikale Maßnahmen retten: Um Geld für die Instandsetzung zu bekommen und gleichzeitig die übermäßigen Besuchermassen zu reduzieren, erhöhte er

Pharao Village: Mit Ruten werden Fische ins Netz getrieben

Im Pharao-Village in Gizeh werden Szenen aus dem Pharaonenreich nachempfunden. Fellachen und Handwerker stellen dort das Leben in der Zeit der altägyptischen Könige dar. Die Bootsfahrt durch dieses »Reich der Pharaonen« eröffnet viele überraschende Impressionen, wenn auch knapp an der Grenze zum Kitsch.

Taubenhäuser haben seit der Pharaonenzeit Tradition

Die Papyrusstaude wuchs in Ägypten schon vor 5000 Jahren

Entrindetes Mark wird plattgewalzt...

...zu papierdünnem Schreibmaterial...

...und mit historischen Szenen bemalt – ein beliebtes Souvenir

den Eintritt, beispielsweise auf 20 LE für die vor über 4500 Jahren errichtete Cheops-Pyramide. Und um die historischen Denkmäler zu entlasten, wurde ein Freiluft-Museum mit Königinnen-Pyramiden der drei Cheops-Frauen eröffnet. Daneben soll das größte Museum der Welt entstehen und das überfüllte Ägyptische Museum in Kairo entlasten.

Geopolitisch günstig wählten die Herrscher des Alten Reichs (2635–2135 v. Chr.) die Lage ihrer Hauptstadt Memphis. Schon um 3000 vor Chr. residierten die Pharaonen an dieser Grenze zwischen Ober- und Unterägypten; im Laufe der Jahrhunderte bauten sie ihren nach der Pyramidenanlage von König Pepi I. benannten Sitz zur Metropole aus.

Memphis – einst religiöses und wirtschaftliches Zentrum

Auch als die Pharaonen andere Zentren als Hauptstadt wählten, beispielsweise Theben in Oberägypten, blieb Memphis lange Zeit das wirtschaftliche und religiöse Zentrum Unterägyptens. Auch nach der Eroberung durch die Araber waren die Ruinen dieser Stadt noch sehr beeindruckend, »unbeschreiblich auch für den sprachgewandten Menschen«, wie der Schriftsteller Abd al-Latif (1162–1231) feststellte. Als im Laufe der Jahrhunderte aber der Respekt vor der Pharaonenstadt immer mehr schwand, holten sich Bauherren aus Kairo die Trümmer und gestalteten damit Häuser und Straßen.

Geblieben sind im heutigen Memphis gegenüber seiner früheren Totenstadt Sakkara die liegende Kolossalstatue von Ramses II., die auch ohne Teile der Krone und der Beine noch 13,5 Meter hoch ist, ferner der anmutige, acht Meter lange Alabaster-Sphinx und der Dekretstein, dessen Inschrift über Steuern der Bauern, die Zahl der Arbeitskräfte und die Art der Nutzfläche informiert.

In der Nekropolenstadt Sakkara, deren markante Djoser-Stufenpyramide (3. Dynastie, um 2600 v. Chr.) von weitem sichtbar ist, gehen die ägyptischen Behörden radikal vor, um die Grabmäler vor Pilzbefall zu schützen und zu verhindern, daß die Farbe der Wandbilder abblättert. In der Unas-Pyramide aus der 5. Dynastie, die durch ihre einmaligen Inschriften bekannt ist, scheuerten

Sakkara war Memphis' Nekropole

Grab der Prinzessin Idut: nie versiegender Vorrat im Jenseits

Memphis war fast drei Jahrtausende Hauptstadt des vereinigten Reiches, der Ptah-Tempel sein Mittelpunkt. Aus »Het-ka-Ptah« (Haus des Ka und Gottes Ptah) machten die Griechen »Aigyptos«, woraus sich der heutige Name Ägypten entwickelte.
Jenseits des Nils, beim Dörfchen Sakkara, wurde die Nekropole errichtet, deren berühmtestes Grab die Stufenpyramide ist. Der erste aus behauenem Stein errichtete Monumentalbau der Welt war Vorgänger der klassischen Pyramiden. Bauherr Imhotep schuf das Grab zwischen 2609 und 2590 v. Chr.

Die Sakkara-Tempelanlage wird restauriert

Der Alabaster-Sphinx von Memphis, vermutlich ein Bild des Amenophis II.

Ziel aller Memphis-Besucher: Ramses II.

Eingang zur Stufenpyramide des Djoser

früher jeden Tag 1500 Besucher mit ihren Fototaschen an den Innenwänden entlang und dampften pro Person 20 Gramm Wasser in die heiligen Hallen; heute ist das Grabmal geschlossen, dafür kann aber die Teti-Pyramide besichtigt werden.
Einen Einblick in den Aufwand, den die alten Ägypter mit ihrem Totenkult betrieben, gibt die Pyramide des Sechemchet. Weil der Pharao, Nachfolger von König Djoser, in der 3. Dynastie nach sechs Regierungsjahren starb, wurde sein Grab nur sieben Meter hoch gebaut. Die Grabkammer liegt 40 Meter unter der Erdoberfläche.
Auf dem Rückweg zur Stadt Gizeh (El-Giza) auf der Shari en-Nil weisen Schilder auf das »Dr. Ragab Papyrus Island« hin. Auf die Yaqoub-Insel im Süden Gizehs verlegte der Diplomat Ragab sein Papyrus-Museum, das sich früher auf einem Boot nahe dem Sheraton in Kairo befand. In der Anlage wird Besuchern die Herstellung von Papyrus demonstriert. Dank Ragabs geschäftstüchtiger Ader bieten seine Angestellten dort auch Papierrollen mit bilderbuchartigen Szenen altägyptischer Mythologie und Hieroglyphen zum Kauf an. Die Farben erscheinen manchmal etwas grell, doch ein hübsches Souvenir sind die Bilder allemal.

Die Erfindung des Papyrus veränderte die Schriftsprache

Die Erfindung des ägyptischen »Beschreibstoffs« bedeutete im alten Ägypten einen wesentlichen Fortschritt, nachdem Informationen zuvor nur auf Ton oder Stein schriftlich festgehalten werden konnten. Durch das Papyrus veränderte sich auch die ägyptische Schrift; weil die Gelehrten jetzt schneller schreiben konnten, gingen die Bilder der hieroglyphischen Schrift verloren (s. Sonderseiten Hieroglyphen, S. 100/101).
Lange Zeit war das langstielige, bis zu drei Meter hohe Zyperngras mit doldigem Schopf in Ägypten ausgestorben. Auf einer Mittelmeerinsel entdeckte Ragab die Staude wieder und begann, sie zu züchten. Um Papyros herzustellen, wird das entrindete Stengelmark in feinste Streifen geschnitten, einem Gittergeflecht gleich übereinandergelegt, geklopft, gepreßt und getrocknet. Erst dann kann das Material beschrieben werden.
Dr. Ragab hat auf der Nilinsel auch ein Museumsdorf gestaltet, das manche kritisch als den Walt-Disney-Park Ägyptens bezeichnen. Dort begegnet man vielen Schülern und Familien, die sich Abschnitte ihrer alten, beneidenswerten Geschichte und den Alltag vergangener Zeit vorführen lassen: Feldarbeit mit Rindern und Eseln, Landarbeiter beim Dreschen, Bauarbeiter, die aus Schlamm Ziegel fertigen, Töpfer bei der Herstellung von Gefäßen aller Art und Steinmetze, die Statuen bearbeiten. In den pharaonischen Gemächern frisieren sich junge Mädchen mit dem blankpolierten Metallspiegel in der Hand, andere spielen die Harfe, in der Küche wird mit der Steinmühle Weizen gemahlen, mit Bogen und Reibholz Feuer entfacht und schließlich Fladenbrot gebacken.

REISE-INFO
GIZEH

Gizeh

Karte S. 110/111, Planquadrat D 3.
Grabkultur kompakt, so könnte man die pharaonische Gräberstadt von Gizeh bezeichnen. Hier stehen die größten und bekanntesten Pyramiden Ägyptens, für deren Besuch man mindestens einen Tag einplanen sollte. Angenehm für Ägypten-Neulinge mit wenig Zeit: Von Kairo ist es nur ein Katzensprung nach Gizeh.
Anfahrt: Die Pyramiden liegen 14 Kilometer von Kairo entfernt. Fast schnurgerade führt die Pyramiden-Straße nach der Gizeh-Nilbrücke dorthin.
Die Ortschaft Gizeh ist mit Kairo praktisch zusammengewachsen und lebt überwiegend vom Pyramiden-Tourismus. Mit dem Taxi benötigt man vom Midan et-Tahrir eine halbe bis dreiviertel Stunde, mit dem Linienbus (ebenfalls vom Midan et-Tahrir) dauert es etwas länger. Jedes Reisebüro und die meisten Hotels bieten organisierte und geführte Busausflüge an.
Sehenswürdigkeiten: Natürlich der Sphinx und die Pyramiden. Wer sie nicht gesehen hat, sollte lieber nicht verraten, in Ägypten gewesen zu sein. Die beste Besuchszeit ist der frühe Morgen, denn später wird es zu heiß und das Gedränge auf dem Gelände unerträglich. Eintrittskarten gibt es in der Nähe des Rasthauses nördlich der Cheops-Pyramide.
Die Pyramidengruppe besteht aus drei großen sowie je drei kleineren Grabmälern vor der Cheops- und Mykerinos-Pyramide. Die Cheops-Pyramide ist mit 137 Meter Höhe (beim Bau 146,6 Meter) das höchste und größte Pharaonengrab, obwohl die mittlere Chephren-Pyramide mit 136,3 Metern (ursprünglich 143,5 Meter) durch den leicht erhöhten Standort optisch die höhere zu sein scheint. Die Mykerinos-Pyramide ist nur 62 Meter (früher 66,5) hoch.
Die Besichtigung beginnt man am besten am Rasthaus vor dem Sphinx, denn von hier aus bietet sich eine schöne Aussicht auf die Gesamtanlage. Die Ausmaße des von mutwilliger Zerstörung und Umweltschäden bedrohten, spätestens um 2500 v. Chr. errichteten Sphinx sind imposant: Der Wächter der Chephren-Pyramide ist 74 Meter lang und 20 Meter hoch.
Direkt daneben befindet sich gegenüber dem Rasthaus der 45 mal 45 Meter große Taltempel der Chephren-Pyramide, in der die Sitzfigur des Pharaos aus grünem Diorit gefunden wurde, beschützt von den weiten Flügeln des Horusfalken. Die Figur ist jetzt im Ägyptischen Museum zu sehen.
Die Pyramiden von Gizeh wurden in der Zeit von 2600 bis 2400 v. Chr. erbaut. Den Anfang machte Cheops, der 2. König der 4. Dynastie, dessen Grabmal der größte Pyramidenbau der Welt bleiben sollte. 4000 bis 5000 Facharbeiter und eine größere Zahl an Hilfskräften sollen bis 23 Jahre lang an dem Grabmal gebaut haben; mit primitiven Hilfsmitteln bewegten sie tonnenschwere Steine.
Besichtigen sollte man in Gizeh unbedingt (mit Führer) die beiden Grabkammern der Cheops-Pyramide, die durch das Grabräuberloch an der Nordseite zu erreichen sind, teils nur in gebückter Haltung. Sehenswert sind auch das moderne Museum für das 1954 entdeckte Totenboot von Cheops sowie die Grabkammern der Chephren-Pyramide.
Licht und Ton: Man mag sie belächeln, aber diese Aufführungen hinterlassen einen sehr starken Eindruck durch den wunderschön angestrahlten Sphinx und die Pyramiden. Vorstellungen in deutscher und französischer Sprache sonntags um 18 und 20 Uhr. Eine Reservierung ist notwendig, es werden auch organisierte Busfahrten angeboten. Auskunft im Hotel und in Reisebüros.
Unterkunft: Spitzenklasse mit einem Hauch von Tausendundeiner Nacht und Blick auf die Pyramiden ist das Mena House Oberoi (ab 250 DM für das Doppelzimmer).

Familienausflug ins Felfela

Sakkara/Dahshur

Karte S. 110/111, Planquadrat D 3.
Die Nekropole von Memphis, Hauptstadt des Alten Reichs.
Anfahrt: Mit dem Bus von Kairo. Schöne Fahrt ab der Kreuzung kurz vor den Pyramiden von Gizeh an einem Nilkanal entlang, hinter dem an einigen Stellen die drei Pyramiden aus der grünen Landschaft ragen.
Sehenswürdigkeiten: Das sieben Kilometer lange Nekropolengelände bietet einen Querschnitt aller Kulturepochen des alten Ägypten. Herausragend ist die 60 Meter hohe Stufenpyramide des Pharaos Djoser, die der Baumeister Imhotep 2609–2590 v. Chr. errichtete. Weitere Mastabas (Grabform des Alten Reichs aus Stein oder Ziegeln), Pyramiden und Grabstätten.
Öffnungszeiten: täglich von 7.30/8 Uhr bis 15.30/16 Uhr.
Sieben Kilometer südlich von Sakkara liegt Dahschur, ein drei Kilometer langes Gräberfeld mit fünf Pyramiden. Die wichtigsten sind die Knickpyramide (97 m) und die erst 1996 zur Besichtigung freigegebene Rote Pyramide, mit 99 Metern nach der Cheops-Pyramide die zweitgrößte der Welt, von Cheops' Vater Snofru gebaut.

Memphis

Karte S. 110/111, Planquadrat D 3.
Fünf Kilometer östlich von Sakkara befindet sich die ehemalige Hauptstadt des Alten Reichs. Weite Teile liegen unter dem Dorf Mitrahine im Nilschlamm begraben.
Anfahrt: Mit dem Bus von Kairo.
Sehenswürdigkeiten: Memphis wird hauptsächlich wegen der liegenden, zehn Meter langen Kolossalstatue von Ramses II. besucht, deren Gegenstück am Kairoer Hauptbahnhof steht, sowie wegen der fruchtbaren und blühenden Landschaft.
Öffnungszeiten: täglich 8 bis 16 Uhr.

Pharao Village

Karte S. 110/111, Planquadrat D 3.
Auf dem direkten Weg von Kairo nach Memphis liegt Dr. Rababs Papyrus Island, in dem das Leben im alten Ägypten und die Herstellung von Papyrus vorgeführt wird. Öffnungszeiten: täglich von 9 bis 16 Uhr.

Fotostopp vor den Pyramiden: Gizeh gehört zum Programm aller Ägypten-Reisenden

Papyruspresse in Dr. Ragabs Freilichtmuseum

Papyrusbild

Mahlen wie zu Großmutters Zeiten

Schmale Tunnel führen durch die Cheops-Pyramide

Gizeh gehört zum Pflichtprogramm von Ägypten-Reisenden. Eine dreiviertel Stunde von Kairos Innenstadt entfernt stehen unweit des Dorfes Naslit el-Semman die Grabmonumente der Pharaonen aus dem Alten Reich. Jahrelang schufteten Tausende von Arbeitern, um die tonnenschweren Felsblöcke aufeinander zu schichten – ohne Maschinen und andere technische Hilfsmittel. Wer Gizeh besucht, sollte nicht versäumen, durch das Loch der Grabräuber in die Cheops-Pyramide zu steigen.

Hoch türmen Fellachen Gras und Klee auf das Kamel, schon Kinder helfen bei der Feldarbeit. Wer den Nil entlang nach Süden fährt, macht bald Bekanntschaft mit ägyptischem Landleben. Wegen der Auseinandersetzungen mit den Fundamentalisten ist Autotouristen allerdings zu raten, zwischen El Minia und Sohag nicht auszusteigen.

NILREISE I, BENI SUEF – DENDERA

Begegnungen im Flußtal

Ein junger Ägypter holt Klee für die Tiere

Der Karun-See in der Oase Faijum bietet Fischern ein Auskommen

Typische Taubenhäuser in Beni Suef

Die Landbevölkerung durchkreuzt die Pläne der Regierung, die Bevölkerungsexplosion zu stoppen. Zahlreiche Kinder bedeuten für die Eltern tägliches Essen durch den Fleiß vieler Hände und sind eine Garantie für die Versorgung im Alter. So fruchten alle Aufklärungskampagnen nicht, besonders bei den Fellachen. Die Bevölkerung wächst alle neun Monate um eine Million Menschen. Schon reicht die landwirtschaftliche Produktion nicht mehr aus, das Volk zu ernähren.

Feldarbeit am Nil, seit Jahrhunderten unverändert

Kinderreichtum gilt immer noch als Segen

Nilaufwärts. Im Dunst der Wüste flimmern die Umrisse der Knickpyramide von Dahschur. Vor einer Reihe schlanker Palmen treibt ein Fellache seine Wasserbüffel zur Tränke. Schattenbilder wie im Marionettentheater. Kleine Feuer aus Palmwedeln, Ishas genannt, qualmen vor den Lehmhütten in El Aiyatt, Frauen in bunten Gewändern drücken Kannen in die Glut. Andere schreiten mit Aluminiumschüsseln auf dem Kopf im Gänsemarsch zum Fluß. Das Ufer ist Kommunikationsplatz und Geschirrspüle zugleich.

Am Straßenrand spenden langnadelige Kasuarinen Schatten. Mandarinenplantagen und Mangobäume begleiten den Weg. Auf Kohl- und Kartoffelfeldern ziehen Bauern mit dickstieligen Fa'as schmale Bewässerungsgräben und stecken schräge Palisaden aus trockenen Maisstengeln in den Boden. Windschutz für die noch zarten Baumwollpflänzchen.

Gemächlich zieht ein Kamel den Holzpflug, Mihrat, an dessen Form sich seit 2000 Jahren nichts geändert hat. Eine Eselkarawane, die schwer beladenen Tiere sind kaum zu sehen, trägt gigantische Zuckerrohrbündel und büschelweise Klee ins Dorf. Im Luzernenfeld befreien weiße Ibisse die Wasserbüffel von lästigen Insekten.

Impressionen in Beni Mazar: Blick in ägyptischen Alltag

Auch wenn augenblicklich zwischen El Minia und Sohag nicht zur Rast geraten wird, schildern wir das Leben dort in friedlicheren Zeiten. Im noch außerhalb des fundamentalistischen Einflußbereichs liegenden Beni Mazar ist auf der alten Brücke kaum Platz für ein Fahrzeug. Männer in der nachthemdähnlichen Galabija vertreiben sich dort die Zeit mit fröhlichem Palaver, während Frauen beim Einkauf an den Obstständen schnell zurück in die Hara, die Intimität ihrer Gasse, huschen, einen Zipfel ihrer schwarzen Mileya zwischen den Zähnen. In der Nähe werden Süßkartoffeln in einer Maschine gedämpft, die einer kleinen Dampflokomotive ähnelt. Ein kleiner Junge bietet stückweise Zuckerrohr an, ein köstliches, süßes Kauvergnügen.

Vom Osten her rücken die weißen Berge der Arabischen Wüste an den Nil heran. Arbeiter laden vor einem Dorf Kalksteine aus dem Gebirge ab. Es ist verboten, Ziegel aus wertvollem Nilschlamm zu brennen, dennoch sieht man immer wieder Meiler qualmen. Ziegel sind billiger Baustoff für die armen Fellachen, doch gebrannt ist der Kreislauf der Biomasse zu Ende.

In El Minia geben hupende Busse und Lastwagen sowie quäkende Lautsprecher den Ton an. Abends wird es etwas ruhiger, mischt sich orientalische Musik in die Geräuschkulisse. Oft kommen die Klänge aus einem Garten östlich des

Verwittert: antike Figur am Sobek-Tempel

Bahnhofplatzes, wo Hochzeiten gefeiert werden. Stundenlang defilieren die Gäste an den Brautpaaren vorbei, die meist ein Meer von Blumen umgibt. Händedrücke, Küßchen links und rechts, nach Geschlechtern getrennt. Wer das Paar besonders ehren will, tanzt ein paar Takte, wiegt Hüften und Bauch. In normalen Zeiten werden Gäste aus Europa gebeten, dem Brautpaar die Ehre zu erweisen. Lauter Beifall dankt den Fremden, die sich den Bräuchen anpassen.

Unter dem Pavillon sind zwei Gevierte mit Stühlen aufgebaut. Das linke ist mit Seilen geschützt, dahinter sitzen nur Mädchen und Frauen. Auch eine unabsichtliche Berührung durch einen Mann könnte falsch ausgelegt werden.

Kurz vor Mallawi, in Er-Roda, zweigt die Straße nach Eschmunem ab. In der Nähe des Dorfes stehen die Reste der auf einem ptolemäischen Tempel errichteten Hermopolis-Basilika. Die Griechen gaben der ursprünglichen Hauptstadt des ägyptischen Hasengaus, Schmunu, diesen Namen, als sie Thoth, den Gott der Schreiber, mit ihrem Hermes gleichsetzten. Von den ursprünglich acht Pavianen aus dem Thoth-Tempel stehen noch zwei als Wächter vor dem ehemaligen Lager der deutschen Hermopolis-Expedition. Zehn Kilometer weiter in der Wüste liegt Tuna el-Gebel, die Nekropole von Schmunu mit dem Familiengrab des Hohepriesters Petosiris.

Tell el-Amarna: die Stadt des Ketzerkönigs Echnaton

Auf der anderen Nilseite, etwa 50 Kilometer südlich von El Minia, hatte ein weiterer altägyptischer Ort Auswirkungen auf spätere Kulturen: In Tell el-Amarna schuf der Ketzer Echnaton den ersten Monotheismus der Menschheitsgeschichte; er beeinflußte das Volk Israel und weiter die Christen und den Islam.

Man erreicht Tell el-Amarna von Deir Mauas, wo die Nilfähre unterhalb der steilen Uferböschung anlegt. Schlanke Ägypterinnen knien am Fluß, scheuern ihre Töpfe mit Sand und schlagen die Wäsche auf große, glatte Steine. Fellachen, Händler und wenige Touristen besteigen über ein schmales Brett den

Thoth, Gott der Schreiber und der Weisheit

alten Kahn, auf dem auch für zwei Kühe und ein Kalb noch Platz ist. Amüsant ist die Preisstaffelung: Einheimische zahlen fünf Piaster, für Kälber und Touristen kostet die Überfahrt 50 Piaster und für eine Kuh das Doppelte.

Die Ebene von Amarna, die am anderen Ufer beginnt, enttäuscht zunächst; man sieht den Ruinen an, daß die Häuser einst in aller Eile gebaut werden mußten. Als Amenophis IV., der sich Echnaton nannte, um 1350 v. Chr. mit seiner Frau Nofretete die Hauptstadt Theben verließ, um weit weg von den Tempeln der vielen Götter nur noch einem Gott – Aton, der Sonne – zu dienen, mußte das

Die Fähre bei Deir Mauas bringt Mensch und Vieh nach Tell el-Amarna

Auffallend im mittleren Ägypten, vor allem rund um Assiut, ist das Nebeneinander von Moscheen und Kirchen. Hier konzentrieren sich die Kopten des Landes, nach Schätzungen sieben bis 12 Prozent der Bevölkerung. Die althergebrachte Toleranz der Ägypter fördert die meist friedliche Koexistenz, doch mit Zunahme des islamischen Fundamentalismus wächst auch die Aggression gegen die Kopten.

Zwischen El Minia und Assiut baute der Ketzerkönig Echnaton seine neue Stadt Tell el-Amarna. Der Pharao war Begründer des ersten Monotheismus und damit für Moslems und Christen ein Vorbild.

Der Fährmann von Deir Mauas

Die Reliefs in Echnatons Stadt ähneln Karikaturen

Altar des Koptenklosters Deir el-Moharrak

Moschee und Kirche in Assiut

neue Zentrum schnell aus dem Boden gestampft werden. Man verwendete viele Lehmziegel, die der Verwitterung nicht standhielten. Nach Echnatons Tod ließ Haremhab, der Befehlshaber der Truppen, die Stadt zudem zerstören, um den Rebellen vergessen zu machen.
Immerhin, in der Werkstatt des Bildhauers Thutmosis wurden in unserer Zeit noch Gips- und Steinarbeiten gefunden, darunter die in Berlin ausgestellte, weltberühmte Büste der schönen Königin Nofretete. Auch ein großer Teil der Tafeln von Amarna konnte gerettet werden – eine sensationelle Korrespondenz der Herrscher aus Babylonien, Phönizien, Palästina und Syrien mit Echnaton und seinem Vater.
Über seinem Monotheismus vergaß Echnaton die Feinde an der Grenze Ägyptens, vernachlässigte die Verteidigung, ließ unfähige Beamte Außenpolitik betreiben. Es wird angenommen, daß er eines gewaltsamen Todes starb.

Altägyptische Malereien – Karikaturen bester Güte

Achtzehn Jahre waren Echnaton vergönnt, um seine Ideen zu verwirklichen (s. a. Dynastien, S. 96/97). Danach hatten wieder die Priester Thebens die Macht und huldigten ihren vielen Göttern. Und doch siegte der Pharao, überdauerte der eine Gott, den der Ketzerkönig anbetete, alle anderen bis zum heutigen Tag. Mit der alten, neuen Macht in Theben geriet er in Vergessenheit, niemand kannte mehr das Grab von Echnaton und Nofretete.
Traktoren mit Anhängern, Pickups und Jeeps fahren die Besucher über die Ebene. Im Felshang liegen die Gräber, deren Malereien und Reliefs sich wohltuend von den üblichen Bildern unterscheiden. Schluß mit der vorher üblichen Gleichförmigkeit, endlich Fröhlichkeit: Prinzessinnen mit verschiedenen Gesichtern, dicken und dünnen Lippen, schlanken und kräftigen Nasen, Höflinge als Wichtigtuer und Speichellecker, gierige Gesichter mit Schlitzaugen, spitzem Kinn und Glatze. Karikaturen bester Güte.
Wer Zeit mitbringt und die entsprechende Neugierde, findet das Königstal Darb el-Melek mit Hilfe von Marei, dem Führer. Er hält sich meist am Fähranleger von Deir Mauas auf oder in Beni Amran, dem zweiten Übergang nach

Tell el-Amarna. 15 Kilometer geht es über steinige Wüstenpiste, weshalb manchmal auch weitere Männer mitfahren, um Bremse und andere Teile zu reparieren. Dabei ist auch der Tempelwächter Hamdi mit dem Schlüssel für das rostzerfressene Eisentor.

Ohne Taschenlampe ist man aufgeworfen, denn nicht immer hat Hamdi Karbid oder Petroleum für sein Arsenal an Leuchten dabei. Die elektrischen Lampen funktionieren schon seit einem Dutzend Jahren nicht mehr, weil der Generator in den Gräbern im Norden benötigt wurde. Hierher, zu Echnaton und Nofretete, kommen wenige. Das Grab, in dem nie Mumien gefunden wurden, liegt zu weit vom Weg, und die Erzählungen an den Wänden sind stark zerstört.

Deir el-Moharrak: Gebetsstätte und Forum für Streitgespräche

Nur wer die Aton-Epoche liebt, macht sich Mühe, die Reste zusammenzusetzen: Das tägliche Leben wird hier dargestellt, frei von Pharaonen-Pomp und feierlicher Steifheit. Jubelnde, hüpfende Menschen sind zu sehen, die Königin auf Echnatons Schoß, die Familie bei Tisch und an Knochen knabbernd – ein buntes, lustiges Ambiente. Oder König und Königin, schmerzgebeugt über der Bahre ihrer kleinen Tochter Beket-Aton. Daneben winden Klageweiber ihre Körper, die Hände gen Himmel gestreckt. Fast hört man sie schreien. Atons Sonnenstrahlen treffen den Leib des zu früh gestorbenen Kindes; die Strahlen symbolisieren Hände, die das Lebenszeichen Ankh, das Henkelkreuz, halten.

Wieder auf der Hauptstraße, führt ein paar Kilometer nilaufwärts vor dem Ort El Qusija eine Asphaltstraße in die westliche Wüste. An der Stelle, wo früher eine Quelle sprudelte und seit 83 n. Chr. das große Kloster Deir el-Moharrak steht, soll die Flucht der Heiligen Familie geendet haben. Nach der Legende wohnte Joseph mit Maria und dem Kind hier im Jahr zwei unserer Zeitrechnung sechs Monate lang in einem von dem Zimmermann selbst gebauten Haus, bis ein Engel ihnen nach dem Tode des Herodes befahl, nach Palästina zurückzukehren.

Der vollbärtige koptische Mönch Abu Ruis, ein gut Englisch sprechender Mitt-

Die Tempelanlage Abydos war Mittelpunkt des Osiris-Kults

Viehmarkt bei Abydos

Abydos, das Osiris-Heiligtum, prägte die christliche Gedankenwelt: In der ägyptischen Mythologie bildet Osiris mit Isis und Horus die göttliche Familie. Nach der Ermordung durch seinen Bruder Seth – siehe Kain und Abel – und seine Wiedererwekkung wird Osiris Herr der Unterwelt. Im »Schönen Westen« empfängt er die Toten, die durch ihn ewiges Leben erhalten können.

Die Fellachen sind direkte Nachfolger des Pharaonenvolkes

Opferszene (Salbkegel) im Ramses-Tempel

Fellachen, wörtlich »Pflüger des Bodens«

Säulengang im Ramses-Tempel von Abydos

Stockschläge treiben Fische ins Netz

dreißiger, führt seine Gäste durch die Anlage, die von 130 Mönchen verwaltet und versorgt wird. Zu ihr gehört eine schlichte Kapelle, in die Besucher durch ein kleines Fensterchen nur einen Blick werfen dürfen. In seltenen Fällen nur können Fremde sie betreten, doch Frauen ist der Zutritt generell verboten – wohl der orientalisch-moslemische Einfluß auf die Mönche.

Wenn die Unruhen in der Provinz abflauen, werden wie vorher Christen und Moslems das Kloster besuchen, um zu beten und zu diskutieren. Wer dann von weither kommt, kann in einem Gästehaus gratis in einer Acht-Bett-Kammer übernachten. Man holt sich im Gespräch Ratschläge von den Mönchen, die draußen als Ingenieure, Mediziner oder Apotheker Erfahrung sammelten, bis sie in Moharrak das Gelübde ablegten, künftig ehelos und in Armut nur noch beten und arbeiten zu wollen.

Assiut war schon vor der Auseinandersetzung mit militanten Islamisten selten Aufenthalt für Touristen. Obwohl gerade hier viele Jahrhunderte Kirchtürme und Minarette ein relativ konfliktfreies Zusammenleben von Moslems und Christen bewiesen. Nicht nur in der inzwischen etwas unruhigen Universitätsstadt, sondern auch in den Dörfern und Städten der Umgebung. Vor langer Zeit beschlossen die Kopten in dieser Region aber schon, ihre Glocken nur noch bei äußerst wichtigen Gelegenheiten zu läuten. Eben wegen der vielen Moslem-Fundamentalisten in der Provinzhauptstadt, die man nicht unnötig aufregen wollte (s. Kapitel 1. Einleitung).

Ständig neue Entdeckungen: viel Arbeit für Archäologen

Im konservativen Assiut sollten Besucher unauffällig bleiben, keinen Alkohol trinken und dezent gekleidet sein. Das galt früher und wird immer so sein. Man lebt anders als in Touristen-Orten: Keine Schlepper wie in Luxor oder Kairo sprechen die Fremden an, sondern normale Ägypter im Bemühen, den Gästen zu helfen – auch wenn sie keine Hilfe benötigen. Die Männer bieten sich an, fotografiert zu werden, bei den Frauen ist Zurückhaltung geboten: Es ist angebracht, vor dem Druck auf den Auslöser um Erlaubnis zu fragen.

Die Wüstenberge im Südwesten gewähren einen phantastischen Blick auf

die Stadt, den 838 Meter langen Staudamm und den 20 Kilometer entfernten Rand der Wüste. In der Felswand sieht man die Eingänge zu Gräbern der 10. und 12. Dynastie. Sie sind mehr für Hobby-Archäologen interessant, die wissen, daß hier die Fürsten des Wolfsgaus herrschten.
In jüngerer Zeit fanden Archäologen südlich von Assiut neue Gräber mit Töpfen und Marmorstatuen. Sogar eine Mumie soll den Fund bereichert haben, deren Halsband den Namen eines Pharaos trägt. Fachleute wundern sich nicht über die ständig neuen Entdeckungen, denn nach Schätzungen liegt noch mehr als die Hälfte der Zeugnisse altägyptischer Kultur unter der Erde verborgen.

Mit kindlichem Charme durch den Pharaonentempel

Knapp 100 Kilometer südlich von Assiut liegt Sohag, das nur erwähnenswert ist, weil sich zehn Kilometer nordwestlich das Rote und das Weiße Koptenkloster befinden. Auf der anderen Seite der Nilbrücke, beim Ort Akhmim, entdeckten Bauarbeiter 1991 unter dem Sand eine Granitfigur Ramses' II., möglicherweise die größte Skulptur dieses Herrschers und Anzeige für einen großen Tempel. Die Bergung des Fundes ist schwierig, weil die Statue in einem Friedhof liegt. Die Einwohner von Akhmim befürchten, daß die Gräber zerstört werden könnten.
Eine wichtige Station für Ägypten-Reisende ist der Tempel von Abydos. Solange die Gefahr von Unruhen nicht gebannt ist, darf er nur mit Sondergenehmigung besucht werden. Wenn wieder einmal Schulklassen in den Ruinen toben, kann man sich getrost ihrer Führung anvertrauen: Im Mittelgang der ersten Halle zeigen sie auf eine Hieroglyphe am Querpfeiler, die wie ein Helikopter aussieht, und am Ende der zweiten Halle bewundern sie die Königinmutter, die Ramses II. stillt. Auf dem Weg vom Tempel Sethos I. zum Osireion ist der Pharaonen-Kalender, doch die Schülerinnen ergötzen sich lieber an der Opferszene neben der Königsliste: eine sehr schöne Darstellung mit Obst und Fischen, Zuckerrohr und Kohl, Hähnchen und Brot auf einem Tisch, darunter ein anderes Motiv mit einer Ente, deren Watschelfüße karikierend groß dargestellt sind.

Landschaft bei Nag Hammadi auf dem Weg zum Dendera-Tempel

Dendera, der Tempel der Himmelsgöttin Hathor, ist 1200 Jahre jünger als Abydos. Der Bau wurde unter den letzten Ptolemäern begonnen und von den römischen Kaisern Domitian, Nero und Trajan vollendet.
Die Eroberer Ägyptens, zuerst die Griechen, dann die Römer, waren immer darauf bedacht, die Religion des besiegten Volkes zu achten und die eigenen Herrscher mit den Göttern des Landes zu verbinden.

El Ballas ist berühmt für seine Töpfereien

Dendera: Der Ausflug in Ägyptens Geschichte gehört zum Schulprogramm

Kiosk der Liebesgöttin Hathor in Dendera

24 Säulen tragen die Decke des Tempels

Moschee in Qena, der Provinzhauptstadt

Hathor mit Krone aus Kuhgehörn und Sonne

Die Königsliste gab der Pharaologie neue Impulse, denn sie enthält die Namen von 76 Pharaonen ab Menes (Narmer), dem Begründer der ersten Dynastie. Einige Herrscher wurden absichtlich unterschlagen: der Ketzerkönig Echnaton und – in Sippenhaft – der Mitregent Semenchkare sowie die Nachfolger Tut-ench-Amun und Eije. In einer patriarchalischen Zeit war natürlich auch eine Frau fehl am Platz: Sethos und Ramses, die Schöpfer des Kalenders, übergingen Hatschepsut, die immerhin 22 Jahre lang regierte.

Wo der Nil in seinem trägen Lauf einen scharfen Knick nach Westen macht, liegt ganz in der Nähe der Provinzhauptstadt Qena der Tempel der Liebesgöttin Hathor, Dendera. Allerorten blickt die großohrige Göttin, in der griechischen Epoche als Aphrodite verehrt, auf die Besucher. Zusammen mit ihrem Gemahl Horus und ihrem Sohn Ihi, dem Gott der Musikanten, kann man die drei als Vorbild für die Heilige Familie sehen.

In Dendera liegen Kenner auf dem staubigen Boden

Hinter dem Silberraum befindet sich der kleine Geburtstagskiosk der Göttin Hathor. Ein wundersames Bild – die Kenner liegen mit dem Rücken auf dem staubigen Boden und starren die Decke an. Dort wölbt sich die Himmelsgöttin über die Welt: Links ziehen sich Füße, Beine und Oberschenkel bis zur Ecke hoch; die Göttin neigt sich im rechten Winkel, so daß die obere Seite von Gesäß, Rücken und Kopf markiert wird. Auf der rechten Seite hängen die überlangen Arme bis zum Boden hinab. Zurück geht der Blick zur linken oberen Ecke, zum Schoß der Göttin: Nut gebiert die Sonnenscheibe, der Tag beginnt. Langsam wandert das Gestirn nach rechts bis zum Mund, dann wird die Scheibe verschluckt: Nacht bricht an.

Nut steht auf dem Wasser, dem Chaos. Links ziehen Wellenlinien, der Nil, durch den Körper. Die eben geborene Sonne strahlt auf Ägypten, dargestellt als Insel mit zwei Pflanzen auf phallischen Erhöhungen. In der Mitte Ägyptens steht der stilisierte Tempel von Dendera mit einem frontalen Hathor-Kopf. Wer in diesem Geburtstagskiosk von Dendera lag, hat viel über die pharaonische Mythologie erfahren.

Anfahrt: Auch wenn die Spannungen in Mittelägypten abgeflaut, die Auseinandersetzungen mit militanten Islamisten beendet sein werden, ist es schwierig, mit öffentlichen Verkehrsmitteln die in der Wüste liegenden historischen Orte zu besuchen. Sie werden auch bei organisierten Busfahrten nicht berührt, ebenfalls sind die entlegenen Sehenswürdigkeiten vom Nilschiff aus meistens unerreicht. Wer großes Interesse an diesen historischen Stätten hat – ruhige Zeiten vorausgesetzt –, sollte einen Leihwagen mit Chauffeur mieten. Die Hauptstraße am Nil entlang führt bis Nag Hammadi (Karte S. 112/113, Planquadrat F 4) parallel zum Westufer, nur streckenweise verläuft auch eine asphaltierte Straße auf der gegenüberliegenden Flußseite. Zum Überwechseln auf das andere Ufer wird man häufig den Wagen stehen lassen müssen und zusammen mit Fellachen und ihrem Vieh die Fähre benutzen. Da man auf der anderen Seite meist wieder einen Wagen benötigt, muß eine solche Reise gut geplant werden.

Über große Entfernungen gibt es nur wenige komfortable Hotels, weshalb Orte für die Übernachtung sehr genau überlegt werden müssen (s. Unterkunft).

Sehenswürdigkeiten: Bis **Beni Suef** (Karte S. 110/111, Planquadrat F 3) und weiter nach **Mallawi** (Karte S. 110/111, Planquadrat I 3) vor allem Nillandschaft mit intensiver Landwirtschaft.

Von Beni Suef sind es nur 34 Kilometer bis zur landwirtschaftlich bedeutendsten und für den Fremdenverkehr gut erschlossenen **Oase von Faijum** (Karte S. 110/111, Planquadrat E, F 2, 3). In dem »Gemüsegarten Kairos« leben etwa 1,5 Millionen Menschen. Sehenswert sind außer der lebhaften Oasenstadt der große Karun-See (intensive Fischwirtschaft) sowie die Nilschlamm-Pyramide des Amenemhet III., Hauwara, aus der 12. Dynastie. Südlich liegt der Verehrungstempel der Pyramide mit dem berühmten Labyrinth.

Westlich von Mallawi ist die einstige Hauptstadt des Hasengaus, **Hermopolis/Eschmunen** (Karte S. 110/111, Planquadrat I 2), dem Gott Thoth geweiht. Zu sehen sind Ruinen aus dem Mittleren und Neuen Reich sowie überlebensgroße Steinfiguren. Zehn Kilometer westlich liegt Tuna el-Gebel mit dem Familiengrab des Hohepriesters Petosiris.

REISE-INFO
NILREISE I, BENI SUEF – DENDERA

Ebenso interessant und auch überraschend für Besucher: Dies ist der »Geburtsort« des Osterhasen! Als Hauptstadt des 15. oberägyptischen Gaus, Hasengau genannt, war Schmunu Heimat der acht ägyptischen Urgötter, die aus dem Chaos den Kosmos schufen. Totemtier des Gaus war der Hase, zu dem sich das von einem Falkenweibchen gelegte Urei gesellte. Ei und Totem werden seitdem in Verbindung zueinander gebracht.

Elf Kilometer von Mallawi geht bei **Deir Mauas** (Karte S. 110/111, Planquadrat I 3) eine Fähre über den Nil nach **Tell el-Amarna,** der Stadt Echnatons. 25 sehenswerte Felsengruften mit bunten, teils sehr lebensnahen Szenen. Das Grab Echnatons (18. Dynastie) und Nofretetes befindet sich in einem Seitental und ist in einem erbärmlichen Zustand. Das Gräberfeld zieht sich im Osten südwärts bis in Höhe von **Dairut,** wo es eine sehenswerte Brücke über den Jussuf-Kanal gibt (Achtung: nicht fotografieren!).

13 Kilometer südlich Dairut und fünf Kilometer westlich vor **El Qusija** (Karte S. 110/111, Planquadrat K 2, 3) ist das Koptenkloster **Deir el-Moharrak** (sehr gastfreundlich), wohin Christen und Moslems aus ganz Ägypten pilgern.

Assiut (Karte S. 112/113, Planquadrat C 2) bietet als größte Stadt Oberägyptens (320 000 Einwohner) keine nennenswerten touristischen Sehenswürdigkeiten, interessant ist aber das enge Zusammentreffen koptischer Kirchen und Moscheen.

Fellachen bei der Ernte von Yamswurzeln

Zwischen Assiut und **Sohag** (Karte S. 112/113, Planquadrat E 3) Zuckerrohrfelder und intensive Flußfischerei. 48 Kilometer südlich liegt bei **El Baljana** (Karte S. 112/113, Planquadrat E 4) **Abydos,** in der 5. und 6. Dynastie der heilige Ort des Osiris-Kultes, an dem der Legende nach der Falkengott Horus von Isis und Osiris gezeugt wurde (nur per Taxi oder zu Fuß erreichbar). Hier findet man die sogenannte Königsliste und die Geschichte der Pharaonen, wie sie Ramses II. von seinem Vater Sethos I. erzählt wird; schöne Opferszenen mit Gänsen, Enten und Gefäßen für Wein und Öl.

Auf dem Weg nach **Qena** (Karte S. 112/113, Planquadrat E 5) stehen auffällig viele Hadsch-Häuser, bemalt mit farbenfrohen Mekka-Szenen. Sie sollen zeigen, daß die Besitzer tatsächlich in Mekka waren. Das einfache Landwirtschaftszentrum Qena bietet unverfälschte ägyptische Straßenbilder mit Pferdedroschken, Garküchen und dem Alltag der Fellachen.

Imposant ist in der Nähe die Tempelanlage von **Dendera,** von dort Aussicht über die fruchtbare Nillandschaft. Für Kenner aber am wichtigsten: der Geburtskiosk der Hathor (auf dem Rücken liegend zu betrachten).

Souvenirs: 20 Kilometer südlich von Qena wird im Ort El Ballas am westlichen Nilufer Qena-Keramik hergestellt, vor allem Vasen und Krüge.

Unterkunft: Wenig Auswahl entlang der Strecke. In **Beni Suef** direkt gegenüber dem Bahnhof das laute, aber recht gemütliche Hotel Badr. Hübsch wohnt man in der **Oase von Faijum** am Karun-See in der Auberge de Faijum (drei Sterne), einfacher im Panorama Shakshouk (zwei Sterne).

In **El Minia** das Pullman Hotel/PLM Azur (auch als Etap Nefreti bekannt). Corniche el-Nil, eine hier unerwartet hübsche und komfortable Hotel- und Bungalowanlage am Fluß. Für Anspruchslose: Gästehaus des Klosters Deir el-Moharrak westlich von **Dairut.**

In **El Baljana** an der Hauptstraße einige sehr einfache Pensionen. In **Nag Hammadi** das Hotel Aluminium, ein heruntergekommenes Haus, aber für europäische Touristen die einzige annehmbare Bleibe in dieser Gegend.

Information: In den aufgeführten Hotels erhält man freundlich die wichtigsten Informationen; kein Touristenamt.

In der Oase Faijum: moderne Ägypterin ...

... und ein altertümliches Reittier

Straßencafé in Qena

Bewässerung per Wasserrad

Die Oase Faijum ist der »Gemüsegarten Kairos«. Eineinhalb Millionen Menschen leben in der Umgebung des Karun-Sees zum großen Teil von der Landwirtschaft und vom Fischfang. Wer von Gizeh aus den Nil entlang nach Süden fährt, macht bald Bekanntschaft mit ägyptischem Landleben. Langnadelige Kasuarinen spenden Schatten, und auf Kohl-und Kartoffelfeldern ziehen Bauern schmale Bewässerungsgräben. In kleinen Orten vertreiben sich Männer die Zeit bei fröhlichem Palaver, während Frauen schnell zurück in die Intimität ihrer Gassen huschen.

Palmen prägen das Bild von Faijum

NILREISE II, LUXOR – KOM OMBO

Tempel und Gräber: Erbe der Pharaonen

Bei Luxor ließen sich die Pharaonen des Neuen Reiches riesige Tempel bauen und tiefe Gräber in den Fels treiben. Gegenüber dem Tempel von Luxor (großes Bild) und Karnak (kleines Bild: Amun beschützt den Pharao) liegen am Westufer des Nils das Tal der Könige und der schöne Hatschepsut-Tempel, das Grab der Pharaonin.

Felukken auf dem Nil

Im Basar wird um jeden Piaster gefeilscht

Luxor ist eine saubere Stadt, Vegetation und Klima machen die »Hunderttorige« (Homer) zur Königin der Winterorte. Die 30 000 Einwohner leben fast alle vom Tourismus, den es hier seit mehr als 150 Jahren gibt. Entsprechend gekonnt ist der Service, wenn auch Händler und Schlepper im Basar oft recht unangenehm werden können.
Mindestens vier Tage sollte man sich in Luxor aufhalten, um die wichtigsten historischen Sehenswürdigkeiten zu besuchen. Die Atmosphäre der Stadt genießt man am besten von einer Hotelterrasse aus: Man hört das Hufgeklapper der Kaleschen, Felukken gleiten lautlos zur Bananeninsel, in der Ferne tuckern Fähren, und vermummte Frauen eilen die Corniche entlang.

Luxor ist Startpunkt für die Nilkreuzfahrten nach Assuan

Hotel Winter Palace, die ehemalige königliche Residenz

Zahlenspiel im Tal der Könige, Spiegelung von Leid und Freud, von Leben und Tod, Aufstieg und Untergang. Selten sind aneinandergereihte Bilder und Daten so aufregend wie bei Tut-ench-Amun, dem wohl bekanntesten aller Pharaonen. Neun Jahre alt war er, als Echnaton in Tell el-Amarna starb. Als Gemahl der Tochter dieses Ketzerkönigs und dessen Frau Nofretete, Anches-en-pa-Aton, ging die Regentschaft an den Knaben über, doch die eigentliche Macht übte sein Erzieher Eje aus. Nur vier Jahre brauchte der Vormund, um Tut-ench-Amun zu überreden, seinen Namen zu ändern, nach Theben umzuziehen und die Priesterschaft und Vielgötterei wieder anzuerkennen.

Ein britischer Lord grub nach dem Grab von Tut-ench-Amun

Zehn Jahre lang durfte Tut-ench-Amun bis 1337 v. Chr. als gelenkter Pharao leben, dann wurde der unbedeutende König getötet. Immerhin hatte er genügend Zeit, sich ein reiches Grab ausstatten zu lassen, in dem seine Mumie genau 3264 Jahre lang ruhte.

Im Jahre 1903 suchte der englische Lord Carnarvon im milden Klima Oberägyptens Heilung von seinen Atembeschwerden. Die archäologische Nachbarschaft steckte ihn an, und 1906 begann er, zusammen mit dem Archäologen Howard Carter zu graben, denn als Laie fühlte sich der Lord von der Aufgabe etwas überfordert. Zwölf Jahre lang schaufelten die beiden an weniger fündigen Stellen, bis Carnarvon 1914 endlich die Lizenz für Grabungen im Tal der Könige erhielt.

Auf der Nilfähre

Straßenszene in Luxor

1917 begannen die Männer, in größerem Stil zu forschen; sie ließen Schutthalden von anderen Gräbern entfernen, ebenso wie die darunter entdeckten Arbeiterhütten, die meist Grabstätten anzeigten. Am 5. November 1922 entdeckte Carter endlich die versiegelte Tür des Grabes. Eilig kehrte Carnarvon von einem Kurzbesuch aus London zurück, und wenige Tage später stießen beide auf das Siegel des jung gestorbenen Herrschers. Für den Lord war dies ein großer Erfolg nach 16 Jahren unermüdlicher Arbeit, doch weiterer Schutt versperrte den Weg ins Innere. Erst im Winter 1926/27 konnte der goldene Schrein endlich geöffnet werden. Lord Carnarvon erlebte diesen Augenblick nicht mehr; er war bereits 1923 gestorben.

Rund 60 Jahre lang lockte vor allem Tut-ench-Amun die Touristen scharenweise ins Tal der Könige, doch viele verließen das Grab enttäuscht. Die großen Schätze liegen seit langem im Ägyptischen Museum in Kairo. Das vergleichsweise schmucklose Grab bot höchstens den Bonus, einmal in dieser berühmten Stätte gewesen zu sein.

Auch dieses symbolische Erlebnis hat bald ein Ende, kann jetzt nur noch mit teurem Spezialticket besucht werden. Die wenigen Wandgemälde, die Darstellung vom König und Osiris bei der rituellen Mundöffnung zum Beispiel, sind vom Pilz befallen. Durch die Ausdünstungen der vielen Besucher stieg die Luftfeuchtigkeit von morgens fünf auf abends 75 Prozent, das ist der beste Nährboden für Mikroorganismen.

Tempelplünderungen – kein Gesprächsstoff in El Kurna

Die Bewahrer der heiligen Stätten planen, im benachbarten Wadi El-Ain eine Replik aus Plastik aufzustellen, die Schweiß und Staub widersteht. Das originale Grab soll nach der Restaurierung später einmal nur noch Wissenschaftlern und gutbetuchten Tut-Fans geöffnet werden.

Der schattigste Platz im staubigen West-Theben ist der Garten im kleinen Marsam-Hotel von El Kurna. Scheich Ali, der Besitzer, trägt eine Galabija aus edlem Stoff, den Schal lässig über die Schulter geschlagen. Beim Tee erzählt der Hotelier von seinem Großvater Abd el Razul Mohammed Abd el Razul, der

bei den meisten aufregenden Entdeckungen dabei war – im Tal der Könige, dem Tal der Königinnen und beim Hatschepsut-Tempel. Er soll auch Gräber geplündert und so den Reichtum der Familie begründet haben, aber darüber spricht man nicht in El Kurna.
Früher wohnte Alis Familie am Hang in Lehmhütten, direkt zwischen und auf den Gräbern aus dem Neuen Reich. Indem sie in Neu-Kurna Häuser baute, hoffte die Regierung, das Gräberfeld zu

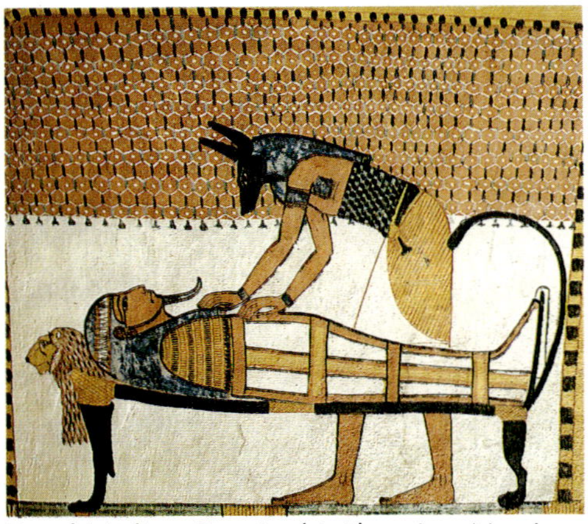

Der el-Medina: Gott Anubis über einer Mumie

räumen. Doch die Behörden machten die Rechnung ohne das Bevölkerungswachstum: Inzwischen sind auch die verlassenen Hütten wieder besiedelt.
Die Archäologen betrachten diese Situation mit Wehmut und klagen über Häuser auf nicht erschlossenen Gräbern, einige mit direktem Zugang von der Küche in die Schatzkammer. Niemand weiß, wie viele Schätze auf dunklen Wegen schon in Tresoren oder Museen privater Sammler endeten. Doch nicht nur Grabräuber versuchen, mit den Altertümern ein Geschäft zu machen.

Geheimnisvolle »Grabfunde«: immerhin hübsche Souvenirs

»Ssst!« zischt es hinter jeder Mauer, »gucken, gucken«. Geheimnisvoll wird die Falte eines Gewandes geöffnet, verstohlen ein Stück bemalter Mumienhülle oder ein Skarabäus ausgewickelt. Wenige widerstehen der Versuchung und beginnen in dem Glauben zu feilschen, daß es sich angesichts der hohen Forderung von 200 ägyptischen Pfund um ein echtes Stück handeln müsse. Erst wenn der Hartnäckige beim Spaziergang von Grab zu Grab auch bei dem Gebot von zehn Pfund noch hin-

An der gewaltigen Tempelstadt Karnak wurde über 2000 Jahre gebaut

Der Luxor-Tempel wurde lange zweckentfremdet als Moschee und Steinbruch

Antikes Weltwunder: Säulensaal in Karnak

Tempelwächter

Eine teils erhaltene Sphingen-Allee verband Luxor und Karnak

Wie viele oberägyptische Tempel ist auch der von Luxor gefährdet. Weil sich seit dem Bau des Assuan-Staudamms das Nilwasser ganzjährig auf gleichem Niveau hält, stieg der Spiegel des Grundwassers an und erreichte schon die Sockel der Tempel. Wie ein Schwamm saugen die Kalkstein-Quader das Wasser auf, und das im Stein enthaltene Salz blüht aus, an Sockeln und Reliefs entstehen »Geschwüre«.

terhertrottet und schließlich bei fünf Pfund seinen »Grabfund« herausrückt, liegt die Fälschung buchstäblich auf der Hand. Aber auch die hat ihren Erinnerungswert.

Ahmed lebt noch oben am Hang im alten Kurna. Er betreut ein paar Gräber der Noblen aus der 18. und 19. Dynastie, die das Leben der einfachen Menschen und der Mittelschicht im alten Ägypten besser zeigen als die Pharaonengräber mit ihren strengen mythologischen Riten. Wenn Ahmed will, weist er beispielsweise auf Bürgermeister Sennefers Grab (Nummer 96) hin. Die bucklige Decke der Vorkammer ist wie eine Weinlaube bemalt, und auch die Hauptkammer zeigt in der Ecke Symbole des Weinkenners. An den Säulen gibt es rührende Familienszenen mit Sennefers drei Frauen, die seltsamerweise nur linke Hände haben.

Szenen der Geschichte in den Gräbern der Noblen

Im Grab Nummer 100, dem des Ministers Rechmire, lenkt der Grabwächter mit blankem Alublech die Sonne in die linke Schlucht der Querkammer, zum »Theben-Zoo«: Hunde, Kühe, Pferde, ein Elefantenzahn, Jaguar und ein bärenähnliches Wesen mit langer Nase, Paviane und – als Höhepunkt des »Pharaonen-Comics« – ein Äffchen, klammernd am langen Giraffenhals, sind dort zu sehen.

In der Langhalle auf der linken Seite eine zweite Szene, die für Bibelkundige ein besonderer Höhepunkt ist. Ihr Inhalt ist im Alten Testament wiedergegeben: »Und die Ägypter zwangen die Kinder Israel zum Dienst mit Unbarmherzigkeit und machten ihnen ihr Leben sauer mit schwerer Arbeit in Ton und Ziegeln.« (2. Mos. 1,13.14)

Im Grab des Ministers, der sich hier seiner Taten rühmt, fallen die hellhäutigen, nur mit einem Lendenschurz bekleideten Fremdarbeiter bei Ziegelarbeiten auf. Es muß sich um Semiten, um die Kinder Israels bei der Fronarbeit handeln. Ein zusätzlicher Beweis ist der dunkelhäutige Aufseher, der in den Hieroglyphen droht: »Der Stock ist in meiner Hand, seid nicht faul!«

Eng und steil ist dann der Abstieg zum Grab des Sennodjem (Nummer 1), Vorarbeiter in der Gräberstadt. Mehr als sechs Leute sollten sich nicht gleichzeitig in den engen Kammern aufhalten, sonst wird an den wunderschön gestalteten Wänden entlanggerieben. Szenen aus Sennodjems hartem Alltag, die er im Jenseits verbessert haben wollte, begegnen Besuchern dort: in weißen Gewändern durch das Weizenfeld zu gehen, die Ähren mit der Sichel auf hohen Halmen zu schneiden, ohne sich zu bücken, hoher Flachs für das Leinen, starke, fette Zugochsen und reichlich

Bemalung zeigt: Der Hausherr war in Mekka

Musikanten aus El Kurna in Theben-West

Früchte tragende Bäume. Vielleicht waren dies die typischen Wünsche der Gräber-Angestellten im kargen Westen – die Vorstellung von einem einfachen, aber glücklichen Leben.

Deutlich aufwendiger als die Gräber der Noblen waren die Nekropolen der Könige. Eines der schönsten ließ sich zu Beginn der 19. Dynastie Sethos I. bauen, der Sohn Ramses I. Hundert Meter tief verläuft der Grabschacht ohne Biegung in den Kalksteinfelsen, Wandbilder vom Sonnengott Re, von Osiris, Hathor und Horus sowie vom Pharao bedecken die Wände. Aus einem großen Saal unter der Erde führen Treppen in die Grabkammer, wo einst der Alabastersarg stand. Er ist heute in London, während sich Sethos' Mumie im Ägyptischen Museum in Kairo befindet.

Auf dem Weg zu Hatschepsuts Grabtempel fällt zunächst nur die 300 Meter

Grab des Noblen Sennofer in El Kurna: Diener bringen die Grabausrüstung

Besucher am Skarabäus, dem Glücksbringer

Aus Alabaster werden Vasen hergestellt

hohe, braunrote Felswand ins Auge, hinter der das Tal der Könige liegt. Erst allmählich löst sich die Struktur des Terrassentempels vom Bergmassiv, ein schlichtes Bauwerk in klassizistischer Kühle.

Daß Hatschepsut auf Bildern einen Bart trägt, macht Sinn: Da die Kinder ihres früh gestorbenen Mannes, Pharao Thutmosis II., noch zu jung waren, übernahm Hatschepsut in der 18. Dynastie selbst die Regentschaft und schnallte sich bei religiösen Auftritten einen Bart unter das Kinn. 22 Jahre lang regierte die Pharaonin, zum Ärger des heranwachsenden Königs.

Grabtempel der Hatschepsut: Bilder von begehrten Schätzen

Wer sich in ihrem Grabtempel Zeit läßt, entdeckt dort viele hübsche Details, besonders in der legendären Punthalle. Sie erinnert an die Reise nach Punt – eine Expedition, die Hatschepsut vermutlich ins heutige Somalia ans Horn von Afrika führte. Weil die bildlichen Darstellungen, beispielsweise der Fische, so naturgetreu sind, fiel es Fachleuten leicht, das Reiseziel recht sicher zu bestimmen. Weitere Indizien sind abgebildete Schätze, die im Nilland begehrt waren: Berge von Weihrauch, Myrrhenbäume samt Wurzelballen, Pantherfelle, Elfenbein und Ebenholz, Gold und Straußenfedern. Lebendige Szenen schildern die Erlebnisse: Ägypter erklettern auf Leitern Pfahlhäuser, Schiffe werden beladen, Affen tummeln sich in der Takelage.

El Rayess-Farouk ist der berühmteste Grabungsarbeiter Oberägyptens: Im Hof des Luxor-Tempels an den Gestaden des Nils entdeckte er einen der größten Schätze der neuen Zeit – fünf Statuen unter dem Fußboden. Eigentlich wollte Farouk nur einen Stein im Boden reinigen, über den schon Heerscharen von Touristen geschritten waren. Wie sich dann herausstellte, war dieser Brocken der Fuß einer zwei Meter großen Granit-Statue, die Amenophis III., den Begründer des Luxor-Tempels und Vater von Echnaton, darstellt. Wissenschaftler sind froh über jede Scherbe, die in Theben geborgen wird, denn die Archäologen liegen in einem Wettlauf mit der Zeit. Die Erhöhung des Grundwasserspiegels, ausgelöst durch Abwasser und den ständig hohen Nil-

Die Nekropole von Scheich Abd el-Kurna beherbergt die Gräber der Noblen. Wegen des weichen Gesteins fertigten die Künstler keine Reliefs, sondern bemalten die mit Gips verputzten Wände. Da die Verwalter und Aufseher nicht an die königlichen Riten gebunden waren, entstand hier eine lebhafte Darstellung des Lebens und der Jenseits-Wünsche im alten Ägypten: Gastmähler mit Musikanten und Tänzerinnen, Weinlese sowie Keltern und Abfüllen des Saftes in Krüge, Vogeljagd und Fischestechen sind dort abgebildet.

Die Memnons-Kolosse auf dem Weg zum Tal der Könige

pegel, gefährdet nicht nur die Memnons-Kolosse jenseits des Flusses, sondern auch die Tempel von Luxor und Karnak. Die schon sichtbare Salzbildung an den Grundmauern spricht eine deutliche Sprache.

Kein Pharao hat mehr Bauwerke und andere Monumente hinterlassen als Ramses II., der König aller Könige, dritter Herrscher der 19. Dynastie. Als er seinem Vater Sethos I. auf den Thron folgte, stand Ägypten noch unter dem Einfluß Echnatons und dessen Absage an die Vielgötterei. Viele Wissenschaftler gehen heute davon aus, daß die Pharaonen dieser Zeit den alten Glauben wieder aufnahmen, selbst Götter zu sein, und deshalb Tempel und Statuen in großem Stil errichten ließen.

Nirgends ist dies so sichtbar wie in Theben, vor allem in dem Tempel von Karnak, dessen berühmtester Bauteil der große Säulensaal ist. Ramses II. und sein Vater bauten diese bis in die moderne Zeit größte bekannte Halle, die gern zu den Sieben Weltwundern der Antike gezählt wird. Auf einer Grundfläche von über 5400 Quadratmetern tragen 122 Sandsteinsäulen in 16 Reihen das Dach.

Aufgeschütteter Sand ersetzte den Ägyptern die Maschinen

Der Tempel von Karnak, der die politische Macht Ägyptens repräsentierte, zeigt die geniale und doch verblüffend einfache Bauweise der alten Ägypter: Nachdem sie die unteren Säulentrommeln auf ihre Basen gelegt hatten, füllten sie den 103 Meter langen und 53 Meter breiten Innenraum immer weiter mit Sand und Schutt auf und konnten so die weiteren Trommeln aufeinanderstapeln. Der Sand, den sie anschließend schichtweise wieder abtrugen, bot auch die Arbeitsplattform für Künstler, die Reliefs in die Säulen meißelten.

Von der 11. Dynastie bis in die römische Zeit hinein erweiterten und modifizierten Herrscher den Tempel von Karnak. Die alten Ägypter huldigten dort einmal jährlich beim Opet-Fest ihrem Gott Amun und trugen dessen Statue in den Tempel von Luxor.

Ramses II., der aus dem Nildelta stammte, regierte über 60 Jahre, zeugte mit zwei Haupt- und mehreren Nebenfrauen mindestens Dutzende von Kindern und brachte seinem Land Wohl-

Das Ramesseum, Totentempel des großen Ramses II.

Noch können die Gräber im Tal der Könige besucht werden. Doch niemand kann sagen, welche gerade geöffnet sind. Abwasser des jüngst versetzten Rasthauses, vor allem aber die Ausdünstungen der vielen Besucher gefährden die Wandmalereien. So wird jetzt jedem Grab eine dreimonatige Besuchspause verordnet. Das ist kein Allheilmittel, wahrscheinlich muß die Zahl der Neugierigen drastisch gesenkt werden. Es gibt Pläne, besonders gefährdete Gräber nach einem neuen Verfahren in Originalgröße abzufotografieren und anderswo als Replik wiederaufzubauen.

Tempel der Königin Hatschepsut, Gründerin des Neuen Reiches

Hathorkapelle im Hatschepsut-Tempel

Ramses' Ruhmestaten auf Lotussäulen

Relief des Sethos III. im Tal der Könige

stand und Frieden, obwohl auch er etliche Kriege führte. Schon im Alter von 14 Jahren – Ramses war von seinem Vater einige Jahre zuvor zum Oberkommandierenden der Armee gemacht worden – nahm er an einem Feldzug nach Libyen teil, und immer wieder kämpfte er gegen die Hethiter. Schon fünf Jahre, nachdem er Pharao geworden war, marschierte Ramses mit einer 20 000 Mann starken Truppe ins heutige Syrien, um die strategisch wichtige Stadt Kadesch einzunehmen.

Erst im Alter von Mitte 40 gab er seine wiederkehrenden Kriege gegen die Erzfeinde auf. Monumentalbilder am Eingangspylon des Theben-Tempels erinnern an die Schlacht bei Kadesch; Ramses II. ist dort als Bogenschütze, im Streitwagen und bei der Lagebesprechung mit seinen Generälen dargestellt. Wie viele andere Reliefs ist auch dieses Wandbild Propaganda mit dem Ziel, sich die Loyalität der Untertanen zu sichern und Furcht zu verbreiten.

Luxor, die »Königin der Winterorte«, wie die Stadt gern genannt wird, ist schon seit 150 Jahren Ziel von Touristen. Forsch zupfen die Straßenhändler und Schlepper am Ärmel der Besucher und erkennen jeden Deutschen auf den ersten Blick: »Mensch, Meier!«. Hat der Schlepp in ein Geschäft geklappt, beginnt das Gefeilsche um die Ware. Wer nicht auf oder unter die Hälfte des ersten Angebots kommt, zahlt zuviel.

Teestunde mit Flußpanorama: Ruhe vor forschen Händlern

Gemütlich und erholsam ist dagegen die Teestunde auf einer Hotelterrasse an der Flußpromenade: Das Hufgeklapper der Kaleschen-Pferde untermalt die hübsche Szene, auf dem Bürgersteig stehen die fahrbaren Vitrinen mit Nüssen, gekochten Bohnen und Sesamkringeln. Frauen vom Lande huschen mit schwarzem Überwurf und manchmal leicht verschleiert über die Straße, abenteuerlich gekleidete Bootsführer bieten Touren zur Bananeninsel an. Felukken zerfurchen das Wasser des Nils, in der Nähe überquert eine Fähre tukkernd den Fluß. Drüben, am westlichen Ufer, liegt das Ziel aller Besucher und Luxors Haupt-Einnahmequelle: die Gräber im Tal der Könige, die Pharaonen-Tempel von Theben.

Wer den Tempel von Luxor besucht, findet dort die geistige Vorlage zur Weihnachtslegende, die aus dem alten Ägypten stammt. Auch wenn Echnaton viele Einzelheiten des spannenden Bilderbuches zerstören ließ, können Interessierte den Mythos der göttlichen Empfängnis und der Geburt des Menschenkönigs als Gottes Sohn hier am deutlichsten erkennen. Inhalt der Königstheologie ist der Pharao als Gott und Mensch zugleich.

Die feierliche Stelle befindet sich am Ende der Anlage; wer sie sehen will, sollte die Taschenlampe nicht vergessen. Dargestellt wird die Geburt des Tempelgründers Amenophis III., der damit seine göttliche Herkunft unter Beweis stellte. Man beginnt, in der unteren Reihe von rechts nach links zu lesen: Das vierte Bild zeigt Gott Amun im Gespräch mit dem falkenköpfigen Götterboten Thoth, in der Bibel der Erzengel Gabriel. Im fünften Bild hat der Gott die Gestalt des Pharaos angenommen und sitzt mit Mutemweje, der künftigen Königinmutter, auf einem Bett. Zurückhaltend und sanft ist die Vereinigungsszene durch leichte Berührung der Fin-

Tempelführer in Edfu

gerspitzen dargestellt. Mutemweje verbirgt ihre Knie zwischen denen des Gottes, an den Füßen werden die beiden durch die Göttinnen Selkis und Neith gestützt. Im sechsten Bild erhält Chnum, der Schöpfergott, von Amun den Auftrag, auf der Töpferscheibe Amenophis III. und sein Spiegelbild, seinen Ka, zu schaffen (siebtes Bild). Ihm gegenüber ist Hathor, die Göttin der Liebe.

In der mittleren Reihe dann die Fortsetzung von links nach rechts: Der Götterbote verkündet der Frau des Pharaos, daß sie schwanger ist; im dritten Bild gebiert Mutemweje mit Hilfe göttlicher

In Oberägypten rücken Wüste und Gebirge nahe an die Nil-Oase heran

Horus, der falkenköpfige Gott in Edfu

Pharao Neos Dionysos erschlägt seine Feinde

Geburtshelfer das Kind. Die dritte Reihe ist wieder von links nach rechts zu lesen: Der künftige Pharao wird gestillt, von den Göttern anerkannt, getauft, beschnitten und schließlich inthronisiert. Vorbilder dieser Szene gehen bis 2700 v. Chr. (Altes Reich) zurück, die Geburt des Amenophis III. wurde um 1350 v. Chr. dargestellt. Zu dieser Zeit lebte auch das Volk Israel in Ägypten, bis es um 1290 v. Chr. der Fronarbeit des Ramses II. entfloh, der im Nildelta oder etwas östlich seinen neuen Regierungssitz baute.

»Rush-hour« auf dem Nil: In Esna stauen sich die Schiffe

An der Anlegestelle in Luxor liegen in mehreren Reihen die bunten Nilkreuzer. Zu viele dieser schwimmenden Hotels haben die Reeder gebaut, was die Passagiere spätestens nach 50 Kilometern merken. In der Saison bildet sich ein stundenlanger Stau vor der Schleuse von Esna.

Trotzdem ist eine Kreuzfahrt auf dem Nil eine einzigartige Möglichkeit, komfortabel einen Kulturfilm an sich vorbeiziehen zu lassen. Auf den Inseln steht blühendes Schilf, daneben schlagen Knaben vom Boot aus mit Stöcken klatschend auf das Wasser und treiben die Fische ins ausgelegte Netz. Ein kleiner Motorkahn zieht sechs bunte Boote flußaufwärts, beladen mit kleinen Eisenbahnwaggons, aus denen Zuckerrohr hervorschaut. Sie kommen von den großen Feldern um Luxor, wo Schienenwege die harte Erntearbeit erleichtern. In Armant dampft schon die Fabrik für die süße Fuhre.

Seit der Nil durch den Assuan-Staudamm geregelt ist, gewinnen die Fellachen durch Sandaufschüttungen bis an den Rand des Stroms neues Land. Tiefe Bewässerungsrinnen durchziehen die neuen Felder, und Strohabdeckungen wehren den Wind ab, solange die Wurzeln noch nicht halten.

In langen Karawanen streben die Fellachen in ihr Dorf

Auf der Ostseite grenzt die Wüste direkt an den Nil. Schon um fünf Uhr nachmittags verabschiedet sich die Sonne, doch die sanfte Dämmerung dauert lange. Pfirsichfarben leuchtet das Abendrot, geht bald über ins Violett. Durch

Horus-Heiligtum in Edfu, Musterbeispiel ptolemäischer Tempel

Tempel des Chnum in Esna, von Ptolemäern und Römern erbaut

Auf dem Weg durch die Tempel der Pharaonen fallen immer wieder die brutalen Selbstdarstellungen auf. Die Reliefs waren Propaganda für das Volk, durch die es vom Erfolg des Pharaos erfahren sollte. Meistens ist der Herrscher im Kampfwagen zu sehen, Spione werden gefoltert, Gefangene den Göttern vorgeführt, oder ihnen werden abgeschlagene Köpfe, Hände und Geschlechtsteile zu Füßen gelegt. An manchen Pylonen läßt sich anhand der Darstellungen von Menschen feststellen, gegen welche Feinde Ägypten kämpfte, denn deren gab es viele: Hethiter, Nubier, Assyrer, Israeliten.

58 den Schatten der Palmen und Mangobäume blinken elektrische Lampen – ein Fortschritt, den der Assuan-Damm ermöglichte. Klagend dringt die Stimme eines Muezzin über das Wasser. Es riecht nach Fluß und dem Qualm knisternd verbrennender Palmwedel. Lange Karawanen mit Fellachen, Wasserbüffeln und Eseln streben dorfwärts, Frauen balancieren Schüsseln und Kanister auf dem Kopf. Eine Scherenschnitt-Parade am Uferkamm.

In Esna prallen auf dem Weg zum Chnum-Tempel Luxus und Armut, Emanzipation und Tradition aufeinander. Die traditionell enthaltsam erzogenen Menschen reagieren aggressiv auf die für ihr Empfinden halbnackten Besucherinnen, die aufgeregt durch die Händlergasse eilen und den grapschenden Fingern zu entkommen suchen. Touristinnen in geschlossener Kleidung überstehen das Spießrutenlaufen besser.

Nil-Landschaft in der Nähe des Tempels Kom Ombo

Edfu ist ein beliebtes Ziel von Schulklassen

Auf dem Weg nach Edfu qualmen die Ziegelfabriken. Nilschlamm zu brennen ist verboten, seit der Assuan-Staudamm 90 Prozent der Ablagerungen zurückhält. Jetzt werden die Steine aus Ton hergestellt, der in früheren Nilarmen abgebaut wird.

Auch am Horus-Tempel in Edfu sind die Grundmauern freigelegt. Die Steine »blühen«: Salz hat sich angelagert, das früher bei jeder Nilüberschwemmung weggespült wurde. Ein Fluch des Fortschritts, eine neue Plage zu den sieben, die Gott über Ägypten verhängte, um vom Pharao die Freilassung der Israeliten zu erzwingen (2. Mos. 7, 14 bis 12,30).

Edfu ist ein beliebtes Ausflugsziel von Schulklassen. Im Tempelumgang verweilen sie am längsten und blättern im Buch der Fabeln: die Blutrache des Horus gegen Onkel Seth, den Brudermörder (Kain und Abel); das Böse, halb Nilpferd, halb Schwein, wird mit der Lanze gequält und schrumpft zusammen; Horus stolz als Sieger über das Böse. Bis zum nächsten Bild: Seth wurde nicht getötet, das Böse lebt weiter.

Im Oberlauf des Nils haben Wassertürme und Wasserwerke mit modernen Pumpstationen die Göpelräder und archimedischen Schrauben abgelöst. Bei Kom Ombo wird die landwirtschaftliche Nutzfläche wieder breiter, vom Tempel bietet sich eine schöne Aussicht über die Landschaft: rostbraune Wüste, graue Straße, dunkles Schienenband, fast blauer Nil und das tiefe Grün der Nutzfläche.

Der Doppeltempel von Kom Ombo

Römischer Kaiser opfert den Göttern

Unterhalb des Tempels schreitet ein Fellache hinter den Wasserochsen, die den Pflug ziehen. Seine blaue Galabija ist auffallend sauber. Kaum nähern sich Neugierige, stoppt der schlaue Bauer das Gespann, stellt sich in Positur und kassiert, sobald er das Klicken der Kameras hört. Früher hat er hier Gemüse und Melonen angebaut. Jetzt sät der Oberägypter nicht mehr – und erntet doch.

REISE-INFO
NILREISE II, LUXOR – KOM OMBO

Anreise

Auf der gesamten Strecke zwischen Luxor (Karte S. 112/113, Planquadrat F 5) und Kom Ombo (Planquadrat I 6) sollte man wegen mangelnder Übernachtungsmöglichkeiten nur Luxor als Station einplanen. Die Stadt ist mehrmals täglich mit dem Flugzeug von Kairo und Assuan erreichbar, außerdem gute Flug- und Busverbindungen mit dem Roten Meer/Hurghada. Zweimal täglich kommt ein Zug aus Kairo an, einer als Schlafwagen mit Restaurant (nur mit Vorbuchung). Mehrmals täglich auch gute Busverbindung mit der Hauptstadt (lange Fahrtzeit) und weiter bis Assuan und Abu Simbel; die Busse haben teilweise Klimaanlagen.

Wer den mittleren Teil zwischen El Minia und Sohag bereisen möchte, sollte sich wegen der Spannungen mit militanten Islamisten vorher nach der Lage erkundigen.

Zwischen Luxor und Assuan verkehren auch die berühmten Nilschiffe, auf denen man sich mit einigem Glück außerhalb der Saison ohne Vorbuchung einschiffen kann. In der Hauptsaison ist ohne Buchung nichts zu machen.

Die Kreuzfahrt zwischen Luxor und Assuan dauert vier bis fünf Tage. An Bord gibt es normalerweise Vollverpflegung. Meist sind auch Ausflüge eingeschlossen; man wird mit Booten, Bus oder Jeeps dorthin gebracht. Eintrittsgelder sind häufig extra zu zahlen.

Wer auf eigene Faust anreist, muß sich vor Ort um den Transfer zu den abgelegenen Sehenswürdigkeiten kümmern und beispielsweise für den ganzen Tag ein Taxi mieten. In Luxor und Assuan kann man inzwischen auch Fahrräder mieten, mit denen sich beispielsweise das Tal der Könige gut erschließen läßt. Trainierte fahren mit dem Rad auch ins Tal der Königinnen.

Luxor

Die knapp 100000 Einwohner zählende Stadt lebt fast ausschließlich vom Tourismus und hat sich am östlichen Nilufer mächtig herausgeputzt mit einer zweistöckigen Uferpromenade und vielen Bootsanlegestellen. Zahlreiche Hotels prägen das Bild, viele verfügen über Restaurants mit Terrassen. Der Basar östlich der Promenade hat noch seinen orientalischen Charakter.

Das westliche Ufer hat ebenfalls eine ordentliche Abböschung mit Anlegestellen und Busstation erhalten.

Zentrum ist der große Platz vor dem Marhaba-Restaurant, wo auch die Kaleschen (Pferdedroschken) auf Kunden warten.

Anreise: s. dort. Im Stadtbereich und nach Karnak fährt man mit der Kalesche (Preis vor Antritt der Fahrt aushandeln, Richtlinien gibt das Preisschild an der Kaleschen-Station am Marhaba-Restaurant) oder dem Bus zwischen den Hotels Sheraton und Etap. Über den Nil zum Tal der Könige gibt es eine Fähre.

Sehenswürdigkeiten: Luxor selbst bietet Touristen nur das hübsche Basarviertel. Besucht wird die Stadt aber ohnehin wegen der umliegenden ägyptischen Altertümer: In Theben-Ost am Ostufer liegen die Tempel der Lebenden (Sonnenaufgangsseite), Theben-West jenseits des Nils gehört den Toten (Sonnenuntergangsseite).

Der Luxor-Tempel am Ostufer liegt direkt im Stadtbereich und ist auch bei Dunkelheit – dann herrlich angestrahlt – zu besichtigen (geöffnet von 6 bis 21 oder 22 Uhr, spätabends zum halben Preis). Eindrucksvoll ist die Widderallee, die auf den von zwei Kolossalstatuen des Ramses II. bewachten Tempel zuführt. Gebaut wurde er vor allem in der 18. und 19. Dynastie. Keinesfalls wie ein Fremdkörper wirkt innerhalb des Tempels die Moschee des Scheichs Abul Haggag.

Das moderne Luxor-Museum (geöffnet im Winter von 15 bis 21, im Sommer von 17 bis 22 Uhr) gehört zu den angenehmsten Sammlungen Ägyptens, ohne die verwirrende Fülle des Ägyptischen Museums und mit großzügig aufgestellten Exponaten.

Hotel Sheraton in Luxor mit Nilblick

Die Tempelanlage von Karnak (geöffnet von 6 bis 17.30 oder 18.30 Uhr) drei Kilometer nördlich des Stadtzentrums ist die größte und wohl imposanteste Ägyptens. Mehrere Pharaonen ließen ab der 11. Dynastie an ihr arbeiten. Berühmt sind der »Säulenwald« aus 122 Säulen und die ausladenden Papyruskapitelle. Man sollte Karnak unbedingt kurz vor Sonnenuntergang erleben, wenn die Anlage in schönstem Licht steht. Abends gibt es eindrucksvolle Licht- und Ton-Vorstellungen, in deutsch jeweils am Sonntag und am Mittwoch. Am Tempelsee sollte man eine Rast in der Cafeteria einlegen.

Theben-West bietet in einem kahlen Bergland die weitläufigsten Totenstädte des Landes aus der 18. bis 20. Dynastie: das Tal der Könige und das Tal der Königinnen sowie den ausladenden Hatschepsut-Tempel. Auch bei bester Vorbereitung kann man enttäuscht werden, denn immer weniger Königsgräber sind zu besichtigen. Manche sind nur im Wechsel geöffnet, um sie vor dem riesigen Besucherandrang zu schützen.

Eines der schönsten Gräber im Tal der Königinnen, die Grabstätte der Nefertari, wurde erst in jüngster Zeit zur Besichtigung freigegeben. Allerdings mit Limitierung der täglichen Besucherzahl und einem hohen Eintrittspreis, zur Zeit etwa 50 Mark.

Sehr sehenswert und weniger besucht sind noch die Gräber der Arbeiter (Deir al-Medina) und die Gräber der Noblen. Selten angeschaut werden auch der festungsartige Totentempel von Ramses III. (Medinat Habu) und das Ramasseum für Amun und Ramses II., vor allem sehenswert wegen der kolossalen, liegenden Ramses-Figur.

Die beiden vielfotografierten, bis 18 Meter hohen Memnons-Kolosse am Eingang zur Nekropole von Theben bewachten einst den verschwundenen Totentempel des Amenophis III. Die Statuen waren schon im Altertum vielbesuchte Reiseziele, eingeritzte Verse in demotischer, griechischer und lateinischer Sprache erinnern daran.

Eintrittskarten für Theben-West erhält man am Kiosk gleich über der Anlegestelle.

Unterkunft: Luxor ist auf Tourismus eingestellt und verfügt über die verschiedensten Unterkünfte. Einladend ist die straßenseitige Veranda des Luxor (drei Sterne) mit seinen freundlichen Zimmern. Als ehemalige königliche Residenz komfortabler ist das Sofitel Old Winter Palace an der Corniche el Nil (vier Sterne, mit modernerem Anbau), dessen Garten eine großzügige Oase der Stille ist. Preiswert sind das New Emilio im Zentrum, der Mena Palace am Nilufer und Mercure Inn beim Luxortempel. Weniger ägyptisch wirkt das Mövenpick Jolie Ville auf der Krokodil-Halbinsel 7 km südlich von Luxor. Internationaler Komfort in den Fünf-Sterne-Häusern Hilton, Sheraton sowie im Isis, alle außerhalb von Luxor. In West-Theben (Ort Kurna) wohnt man preiswert im Marsam, das höchstens einen Stern verdient.

Ausgehen: Sehr einladend und die beste Adresse für echte ägyptische Küche ist das Marhaba-Restaurant im Zentrum, in dem auch empfindliche europäische Mägen keine Probleme bekommen dürften. Köstlich sind dort die Taubengerichte.

Die traditionellen Hotels in der Stadt bieten relativ preiswert gute ägyptische, die großen Hotels auch internationale Küche. Einfache Restaurants und Straßenstände findet man im Basarviertel.

In Theben-West gibt es im freundlichen Garten des Marsam-Hotels Tee und preiswerte einfache Mahlzeiten.

Luxor: Pferdedroschken statt Taxen

Souvenirs: Im Basar mit seinen orientalischen Düften wird so ziemlich alles verkauft, was Ägypten zu bieten hat: reichlich Kitsch als Mitbringsel und natürlich alles Lebensnotwendige für die Einheimischen und Selbstversorger unter den Reisenden. Allerdings: Für Unvorsichtige kann dieses Viertel eine Touristenfalle sein.

Als Souvenir zu empfehlen sind die Galabija, Messingarbeiten, orientalischer Schmuck und Handarbeiten wie Stickereien. Der Basar bietet zudem frisches Obst, im Winterhalbjahr vor allem Orangen und Mangos sowie Gewürze und Tee.

In den Streusiedlungen von Theben-West findet man zahlreiche kleine Alabasterwerkstätten, in denen man den Künstlern bei der Arbeit zuschauen und preiswerter als in den Basars der Städte einkaufen kann.

Eine halbe Woche dauert die Kreuzfahrt zwischen Luxor und Assuan

Ausflüge: Qena und **Dendera,** 60 Kilometer nördlich von Luxor, und **Abydos,** 160 Kilometer nördlich, können derzeit nur mit Sondergenehmigung besucht werden (s. Reise-Info Kap. 4, S. 44).

Esna liegt etwa 60 Kilometer südlich von Luxor am westlichen Nilufer (Karte S. 112 / 113, Planquadrat G 5). Vom Schiffsanleger und der Bushaltestelle ist es nur ein kurzer Spaziergang in den kleinen Ort und zum schönen Tempel aus ptolemäischer Zeit, der von 24 Säulen getragen wird. Der Weg führt durch den meist dunklen, engen Basar mit vielen kleinen Handwerksläden; Frauen werden dort leider häufig belästigt. An dem Tempel ist gut zu erkennen, wie der Nil vor dem Bau des Staudammes das Land mit Schlamm auffüllte: Der Höhenunterschied zwischen Straße und Tempelsockel beträgt neun Meter.

Der Horus-Tempel von **Edfu** etwa 100 Kilometer südlich von Luxor (Karte S. 112 / 113, Planquadrat H 5) ist von imposanter Größe und gilt als der besterhaltene Tempel Oberägyptens. Auch er stammt aus der Ptolomäer-Zeit, wenngleich seine Anlage auch alle typischen altägyptischen Merkmale aufweist. Allgegenwärtig ist dort Falkengott Horus und seine Geschichte als Sohn von Osiris und Isis.

Kom Ombo, 70 km südlich von Edfu auf der Ostseite des Nils (Karte S. 112 / 113, Planquadrat I 6), bietet auf seinem Felsen über dem Fluß einen imposanten Anblick. Die Tempelanlage ist dem Krokodilgott Sobek und dem Falkengott Horus geweiht.

Reisebüros: Es gibt eine große Auswahl an Agenturen, die Hotels geben Auskunft. Beispiele: Eastmar Travel im Winter Palace Building (Tel. 37 35 13) und Thomas Cook im New Winter Palace (Tel. 38 24 02).

Information: Auskünfte erteilen Reisebüros und die Rezeptionen der Hotels sowie die Information im Touristenbasar. Touristenpolizei: Tel. 37 66 37.

Säulengang im Ramesseum

Nilschiff-Generationen: Felukken und Kreuzfahrer in Luxor

Impressionen am Nil: Landschaft bei Luxor

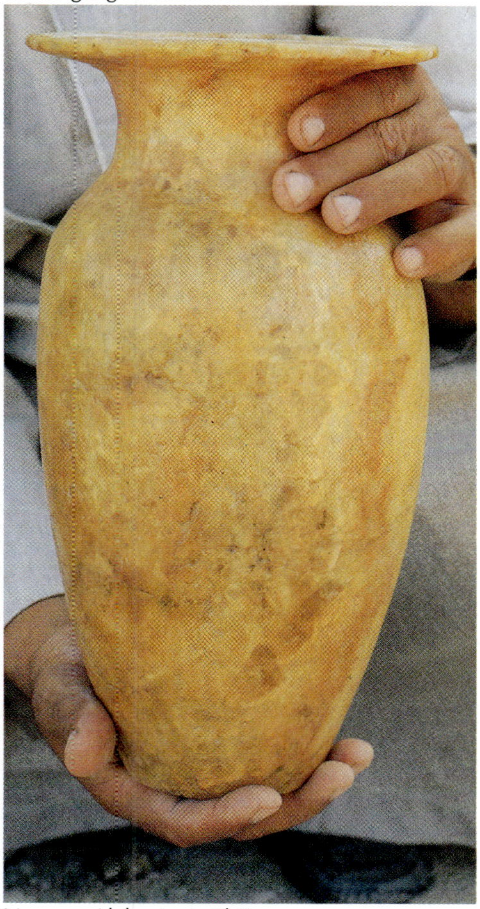

Vase aus Alabaster in El Kurnu

Wer nach Luxor reist, begibt sich ins Zentrum des Mittleren und Neuen Reiches. Am Ostufer des Nils stehen die berühmten Tempel von Luxor und Karnak, während die westliche Flußseite den Toten gehört: Im Tal der Könige trieben Arbeiter lange Grabstollen für ihre Herrscher in den Felsen, und wenige Schritte entfernt ließ die Pharaonin Hatschepsut ein riesiges Grabmonument bauen. Eine Reise auf dem Nilschiff ist die bequemste Art, diesen Teil des alten Ägypten zu erkunden.

Straßenszene in Luxor

NILREISE III, ASSUAN

Ägyptens Perle am Staudamm

Assuan gilt als die Perle Ägyptens und liegt auf der Route aller Nilkreuzer. Ein Ausflug führt die Passagiere in den Basar, wo Gewürze in allen Düften und Farben angeboten werden. Wenige Kilometer südlich regelt der Assuan-Staudamm seit 1971 den Wasserstand des Nils. Nassers Gigant bringt Fluch und Segen zugleich.

In schmalen Grünzonen stehen Dörfer in der Wüste

Nubisches Dorf bei Assuan

Bereits nach dem Bau des ersten Assuan-Damms und Umsiedlung einiger tausend Nubier wurde im Jahre 1903 die Wadi-Kom-Ombo-Gesellschaft gegründet. Diese private Gruppe erhielt eine Konzession auf 99 Jahre mit dem Ziel, die Abassija, das Becken von Kom Ombo, zu erschließen. Es wird hauptsächlich Zuckerrohr angebaut. Ein Netz von Kleinbahnen wurde für den Transport gebaut sowie eine Zuckerfabrik an das Ufer des Nils gestellt. Bei der Fahrt durch das Tal begegnet man immer wieder mit Zuckerrohr beladenen Loren, die auf Boote gehievt und zur Fabrik gefahren werden.

Die durch den Damm aus ihrer Heimat vertriebenen Nubier ...

... pflegen noch althergebrachte Sitten und Gewohnheiten

Im Ferial-Garten leuchten die scharlachroten Blüten des Flammenbaums durch das Laub, Nil-Akazien spenden Schatten. Freitags treffen sich hier die Einheimischen zum Picknick. Kassettenrekorder kreischen, die Jungen vergnügen sich beim Tanz. Für Fremde ist der Park ideal zur Orientierung und um ein Gefühl für die schöne Stadt Assuan und ihre Umgebung zu bekommen.
Hinter dem nahen Komplex der Evangelischen Mission aus der Jahrhundertwende zieht sich die lebhafte, bunte Corniche am Nil entlang, knallrote Blüten des Roten Baumwollbaums schmücken die Bürgersteige. Auf dem Nil leuchten die weißen Segel der Felukken in der Sonne, dahinter markiert das Oberoi-Hotel als höchstes Gebäude Assuans das nördliche Ende der Insel Elephantine. Sie war im 4. Jahrtausend v. Chr. der südlichste Ort des alten Ägypten – und ist 1500 Jahre älter als Siene, das heutige Assuan.

Hinter Elephantine thront das Grabmal des Aga Khan

Jenseits des Nils bildet eine mächtige Bergwand die Grenze zur Wüste, gekrönt von Kubbet el-Haua, dem Grab eines Scheichs. Darunter sind steile Rampen zu sehen. Auf ihnen wurden die Särge der Fürsten aus dem Alten und dem Mittleren Reich vom Fuß des Berges hochgeschleift.
Dem Ferial-Garten gegenüber liegt der archäologische Teil von Elephantine, wegen seiner Sakralbauten seit Jahrzehnten eine reiche Fundstätte für Experten. In der Verlängerung des teilweise wieder rekonstruierten Satis-Tempels, der »Bringerin des Wassers« geweiht, thront auf der kahlen Bergspitze das markante Grabmal des Aga Khan, ein beliebter Wallfahrtsort für Einheimische und Fremde. In ihm steht der Sarkophag des 1957 gestorbenen Oberhaupts der ismailitischen Sekte.

Szenen aus Landwirtschaft und Jagd: die Gräber der Fürsten

Drei Kilometer nördlich haben sich einstige Herrscher am linken Nilufer ihre Gräber in die Felsen treiben lassen, darunter die Gaufürsten Mechu aus der 6. Dynastie und sein Sohn und Nachfolger Sabni I. In ihren nebeneinanderliegenden Gräbern (Nummer 25 und 26) sind die auf die Felswand gemalten Feldarbeiten besonders beeindrukkend: zwei Ochsen am Pflug, Ernte mit der Sichel und eine Eselkarawane, die Kornsäcke zum Getreidespeicher bringt. Sabni liebte wohl die Jagd: Der Nil ist dargestellt, im Wasser zahlreiche Fische und Enten im Schilfwald. Zwei Männer stehen im Boot, der eine mit zwei Vögeln in der Hand, der andere mit zwei auf einem Stock aufgespießten Fischen.
In Pepinachts Grab (Nummer 35) wird gemahlen und gebacken, kommen Wasserträgerinnen vom Nil, quillt der Teig über die Schüsseln. Am Eingang zum Grab von Sarenput I. (Nummer 36) schreitet der Fürst, gefolgt von seinem Sandalenträger, einem Hund und einer Hündin. Daneben wird Vieh weggetrieben, eine Kuh säugt ihr Kalb.
Von dem Mausoleum oberhalb der Gräber bietet sich die wohl schönste Aussicht auf Assuan. Der Sonnenuntergang ist ein besonderes Erlebnis: Die Kuppeln der Gebäude und Höhen scheinen zu glühen. Wie goldener Nebel zieht das gleißende Licht über den Nil, kleine Inseln und Granitblöcke verschmelzen mit dem Wasser, und von den Felukken sind nur noch die Segel zu sehen.
Hundert Meter hinter der Corniche lie-

Der Nubierort Daraw ist ein zentraler Marktplatz Oberägyptens

Dienstags ist in Daraw Kamelmarkt

gen die engen Gassen des Marktes, eines der schönsten des Landes. Auch Touristen können hier in Ruhe bummeln, denn die aus Luxor bekannten, lästigen Schlepper fehlen. Doch natürlich haben die schlauen Verkäufer auch hier ein paar werbewirksame Sprüche auf Lager. »Gewürze, alles geschenkt«, ruft einer auf Deutsch, vor sich auf dem Tisch Pulver in allen Farbschattierungen vom leuchtenden Gelb bis hin zum

Rock-Tombs in Assuan: Hieroglyphen-Fund

tiefen Blau. Geschenkt bekommen Kunden erst etwas, wenn sie groß eingekauft haben – was bei dem Angebot nicht schwerfällt.

Man braucht viel Zeit im Souk von Assuan, die Szenen in Gassen und an Marktständen ziehen vorbei wie in einem Märchen aus Tausendundeiner Nacht: ein mit frischen Zwiebeln beladener Eselskarren, der von einem Fellachen durch das Gedränge getrieben wird, schwarz gekleidete Frauen mit ihren Einkäufen auf dem Kopf, Stände mit kunstvoll zu Pyramiden aufgebauten Limonen, Äpfeln und Mandarinen, ein halber Hammel auf dem Gepäckträger eines klapprigen Fahrrades, verführerisch vor einem Geschäft ausgebreiteter orientalischer Schmuck. Die Ware ist ausgezeichnet, gehandelt wird nicht.

Assuan-Staudamm: drei Ernten, doch ökologische Probleme

Bekannt ist Assuan durch den Damm Sadd el-Ali südlich der Stadt. Immer lauter werden die Zweifel, ob Nassers große Tat auf Dauer wirklich zum Segen des ägyptischen Volkes gereicht. Lange Zeit verband man den zwischen 1960 und 1971 gebauten Damm mit stolzen Zahlen: Die 111 Meter hohe Mauer ist 3,6 Kilometer lang und an der Sohle 960, an der Krone 40 Meter breit. Der angestaute Nasser-See reicht mit 510 Kilometer Länge weit in den Sudan hin-

Die Kitchener-Insel ist bekannt für ihre schöne Botanik

Blick vom Westufer auf Assuan

Begum-Villa und Aga-Khan-Mausoleum

Assuans Basar ist einer der schönsten des Landes

Felukken-Fahrt

Historisch ist die Terrasse des Old Cataract

Assuan ist eine Stadt zum Bummeln. Wer durch den Gewürzbasar schlendert, kann sich kaum lösen von den orientalischen Düften und deckt sich preiswert ein: mit frischem Pfeffer, Kardamom, Safran, Anis, Kamoun, Pfefferminz, Karkadeh, dem leckeren Malventee.

ein, an der breitesten Stelle mißt er 35 Kilometer. Er ist weltweit das größte künstliche Wasserreservoir.

Zwar wurden durch ganzjährige Bewässerung mindestens 400 000 Hektar Land neu gewonnen, auf denen in jedem Jahr bis zu drei Ernten eingefahren werden. Es gibt keine Flutkatastrophen und keine Dürreperioden mehr, und mit dem durch Wasserkraft gewonnenen Strom konnte die Industrialisierung vorangetrieben werden. Doch die Summe der Nachteile gibt zu denken: Ohne Nilüberflutung werden keine Sedimente mehr am Wüstenrand abgelagert, und ohne sich ablagernden Schlamm erodieren die Ufer und das Delta. Die im Boden enthaltenen Salze werden durch den um 1,6 Meter angestiegenen Grundwasserspiegel, bedingt durch regelmäßige Wasserführung des Nils, nach oben in die Erdkrume gedrückt und nicht mehr von der Flut weggeschwemmt. Weil die Felder nicht mehr durch neuen Schlamm aufgefrischt werden, müssen die Bauern Kunstdünger einsetzen. Früher wurden schädliche Insekten und Nager durch die Flut dezimiert, jetzt bekämpft man Ratten und Insekten mit Gift. Die Bilharziose, Ägyptens Volkskrankheit, nimmt wieder zu; vor dem Bau des Staudamms starben die Würmer während der Trokkenzeit in den leeren Bewässerungsgräben. Zudem erreicht das gestiegene Grundwasser die Grundmauern der Pharaonentempel, löst die Mineralien im Gestein und verursacht so große Schäden.

Der Damm nahm den Nubiern ihre Lebensgrundlage

Ein Rechenfehler bereitet Fachleuten besonderes Kopfzerbrechen: Ursprünglich hieß es, daß es Jahrhunderte dauern werde, bis der Nasser-See durch Ablagerungen verschlamme; bei 130 Millionen Tonnen Schlamm pro Jahr passiert dies jedoch sehr schnell. Es gibt jetzt Überlegungen, den Damm wieder abzutragen.

Dann könnten auch die vertriebenen Nubier zurück in ihre alte Heimat. Schon während des ersten Dammbaus um die Jahrhundertwende und mehrerer nachfolgender Erhöhungen wurden die im südlichen Ägypten und im Sudan ansässigen Menschen an den Rand des Stausees in Richtung Wüste getrieben.

Viele blieben trotzdem, warteten auf die drei Monate dauernde Phase des Niedrigwassers und bauten auf dem freigegebenen Boden Gemüse und Salate an.
Mit Nassers 1971 fertiggestelltem Giganten wurde ihnen aber auch diese Lebensgrundlage genommen; die letzten sich weigernden Nubier trug man zu den wartenden Schiffen. Zur Hälfte wurden die 120 000 in den sechziger Jahren Umgesiedelten ins Tal von Kom Ombo gebracht, die anderen kamen nach New Halfa im Sudan.

Kolossalstatuen Ramses II. in Abu Simbel

Obwohl die Nubier Moslems sind, findet man an vielen ihrer Häuser das christliche Kreuz. Das Symbol und manche Namen erinnern an die religiöse Vergangenheit dieses Volkes: Als Ägypten im 3. Jahrhundert christlich wurde, blieben die immer wieder kolonisierten Nubier zwar noch bis ins 6. Jahrhundert dem pharaonischen Glauben treu, als konservative Christen hielten sie anschließend aber auch dem Ansturm des Islam noch bis ins 13. Jahrhundert stand.

Abu Simbel: Ramses II. zeigte seine Muskeln

Die Nubier leben in zwei Stämmen: den Fadidja und den Kenuzi, die schon mit dem ersten Stausee ihrer Heimat beraubt wurden. In den 40 Dörfern, die für sie rund um Kom Ombo gebaut wurden und in denen sie nur zwei Feddan Land

Der kleine Tempel in Abu Simbel für Göttin Hathor und Königsgemahlin Nofretiri

Der umstrittene Nasser-Stausee reicht in den Sudan hinein

Nubischer Bootsmann auf Agilkia

pro Familie (weniger als ein Hektar) bewirtschaften dürfen, fühlen sich die wenigsten wohl. Die Bauweise der Häuser reißt Familien und Nachbarn auseinander, Fabrikarbeit, Flurzwang und Dauerbewässerung sowie der durch Staatsbeamte ausgeübte Zwang tragen zur Unzufriedenheit bei. Viele hoffen auf eine Rückkehr. Schon jetzt gibt es bei Abu Simbel ein Dorf, das wieder Landwirtschaft betreibt, denn der Nasser-See hat seinen errechneten Wasserstand noch längst nicht erreicht.
Weit entfernt vom Zentrum seines Reiches ließ Ramses II. in Abu Simbel seinen größten Tempel errichten – wahrscheinlich aus politischen Gründen, um den Nubiern so seine Macht zu demonstrieren. Von außen geschmückt mit vier Ramses-Figuren, war der Tempel so exakt in West-Ost-Richtung ausgerichtet, daß am 20. Oktober und 20. Februar die Sonnenstrahlen in den hinteren Gebäudeteil drangen und nacheinander die Kultbilder von Re-Harachte, Ramses II. und Amun-Re beleuchteten.
Eine technische Meisterleistung rettete den Tempel von Ramses und den benachbarten, nach Ramses Lieblingsfrau benannten Tempel von Nofretiri in den sechziger Jahren vor dem ansteigenden Wasserpegel des Nasser-Sees. Ab Mai 1965 schnitten Arbeiter die Bauwerke in Tausende von Blöcken und setzten diese in den nachfolgenden drei Jahren an einem neuen Platz 64 Meter höher und 180 Meter landeinwärts wieder zusammen. 42 Millionen Dollar kostete dieses Projekt. Ein Gerüst aus Betonkuppeln gibt dem 3000 Jahre alten Pharaonentempel den statischen Halt.

Isis-Tempel auf Agilkia

Insgesamt 25 Bauwerke wurden in einer Aktion der Unesco vor den Fluten des Stausees gerettet. Die Versetzung von Abu Simbel dauerte drei Jahre, der schon nach Bau des ersten Damms unter Wasser liegende Isis-Tempel wurde in 40 000 Steinblöcke zerlegt und zur Nachbarinsel gebracht, und die Verlegung des Kalabscha-Tempels war ein Werk deutscher Ingenieure. Rund hundert Nilfahrten wurden für die 16 000, je 20 Tonnen schweren Sandsteinblöcke benötigt, der Wiederaufbau dauerte ein Jahr.

Bootsausflüge führen zum weltberühmten Isis-Tempel

Der Mandulis-Tempel von Kalabscha wurde nach Norden verlegt

Assuan

Karte S. 112/113, Planquadrat K 6.
Die wohl schönste Stadt am Nil (300 000 Einwohner) erstreckt sich am Ostufer und wird im Westen von den gelben Sandsteinbergen der westlichen Wüste eingerahmt. In der früheren Handelsstadt auf der Karawanenroute nach Schwarzafrika weht stets ein frischer Wind, der sogar die heißen Sommermonate erträglich und die Stadt zu einem echten Luftkurort macht.
Die Hotellerie und die Vielfalt der Restaurants sind entsprechend ausgewogen. Assuan lebt vor allem vom Tourismus.
Anreise: Flugverbindungen mit Kairo (zwei Stunden) und Luxor (eine Stunde). Zweimal täglich, einmal als Nachtzug, Bahnverbindung mit Kairo (etwa 16 Stunden) und mit Luxor (etwa drei Stunden). Busverbindungen mit den Städten im Norden, aber bei weitem nicht so komfortabel wie der Zug. Verkehrsmittel in Assuan: Kaleschen, Taxis, Felukken und Linienbusse.
Sehenswürdigkeiten: Am Westufer, per Felukke erreichbar, die Felsengräber der einstigen Gaufürsten und das Mausoleum des Aga Khan. Von oben schöne Aussicht auf Assuan. 40 Minuten zu Fuß entfernt das verlassene Simeonskloster aus dem 7. Jahrhundert, eine guterhaltene koptische Klosterruine.
Auf der Insel Elephantine Ausgrabungsstätten und ein altes Nilometer, das noch bis ins letzte Jahrhundert in Betrieb war. Die Informationen über den Wasserstand wurden in andere Landesteile weitergeleitet. Siedlungsspuren gehen bis in die Zeit um 4000 v. Chr. zurück. Auf die Insel fährt kostenlos die Fähre des Oberoi-Hotels.
Auf der kleineren Kitchener-Insel der Botanische Garten; die Insel gehörte einst dem englischen Feldmarschall Horatio Kitchener, Ende des 19. Jahrhunderts Oberbefehlshaber der Kolonialtruppen.
Zu einem Besuch Assuans gehört ein Spaziergang über den schönen Basar.
Unterkunft: Assuan hat eine gute Auswahl von Hotels aller Kategorien. Das schönste Haus ist das Old Cataract Hotel, das jetzt zur Sofitel-Gruppe gehört (vier Sterne, orientalisches Ambiente). Beliebt ist die Terrasse für den Fünf-Uhr-Tee und den Abenddrink mit Blick über den blühenden Hotelgarten

REISE-INFO
NILREISE III, ASSUAN

und die Nillandschaft. Luxus bieten die Fünf-Sterne-Hotels Oberoi (jetzt mit Neubau) auf der Nilinsel Elephantine und das ebenfalls in schöner Lage auf einer Nilinsel erbaute Isis-Island. Preiswert und gepflegt im Zentrum sind die Hotels Cleopatra und Ramses/Nefertari.
Ausgehen: An der Corniche stehen zahlreiche, teilweise sehr nette Restaurants mit einheimischer Küche (selten mit Alkoholausschank) und Terrasse zum Nil. Empfehlenswert ist das Assuan Panorama. Als bestes Restaurant, das auch von Einheimischen besucht wird, gilt das El Masri am Basar gegenüber vom Oberoi: ägyptisches Essen mit gutem Service, aber auch hier ohne Alkoholausschank. Nur auf Vorbestellung gibt es im »Geheimtip« Abu Schlief in der Altstadt hervorragende ägyptische Küche. Sehr gut ißt man auch im kleinen El Medina am bahnhofsnahen Ende des Basars. In Bahnhofsnähe gilt als guter Tip das El Dar mit saalartigem, einfachem Raum.
Sehr gut speist man abends in der herrlichen Atmosphäre des großen alten Kuppelsaales vom orientalischen Büffet des Old Cataract/Sofitel, das auch Nicht-Hotelgästen offen steht (Tischreservierung zu empfehlen).
Souvenirs: Im Basar einfache orientalische Schmuckstücke aus Glasperlen und Blech, sehr hübsch und typisch. Baumwollstoffe, Galabijas für Männer und Frauen, Gewürze, Tees (vor allem Karkadeh, Malve) und Kräuter.
Ausflüge: Sehenswert ist etwas außerhalb der unvollendete **Obelisk** (gleich

Das Simeonskloster in der Assuan-Wüste

südlich des Old Cataract/Pullman), an dem man lernt, wie ein solches Mammutstück bearbeitet und mit Hilfe einer ausgemauerten Grube aufgerichtet wurde. Um den Fels für den Obelisken von der Wand zu lösen, erhitzte und kühlte man die Oberfläche abwechselnd ab. Mit einfachsten Mitteln wurde er dann in Form gebracht und mit verriebenem Wüstensand glattgeschliffen. Einen Besuch wert ist auch der um 500 Meter von Philae auf die Agilkia-Insel versetzte **Isis-Tempel.**
Einen Besuch wert sind zudem der mit russischer Hilfe gebaute **Hochdamm** (Karte S. 112/113, Planquadrat K 5, 6) und einen Kilometer südlich am Westufer mit schönem Blick auf den Damm der 1962/63 mit deutscher Hilfe um 30 Kilometer versetzte **Kalabscha-Tempel** aus der Zeit um Christi Geburt; er wurde während der Herrschaft des römischen Kaisers Augustus dem nubischen Gott Mandalis geweiht. Bei Niedrigwasser ist der Tempel mit dem Wagen, sonst per Ruderboot zu erreichen. Nur 100 Meter entfernt steht der Tempel von **Beit El-Wali** aus der Zeit Ramses II., ebenfalls aus der Nähe von Kalabscha hierher versetzt.
Dienstags ist in dem 30 Kilometer entfernten Nubierdorf **Daraw** (Karte S. 112/113, Planquadrat I 6) Kamelmarkt; dorthin fahren Busse und Taxis.
Eine Tagestour führt in das 280 Kilometer entfernte **Abu Simbel** (Karte S. 112/113, Planquadrat K 5), Anreise mit dem Bus (vier Stunden) oder dem Flugzeug (40 Minuten). Sehenswert sind der Große Tempel für Ramses II., vor dem Staudammbau versetzt, sowie ein kleiner Tempel für Hathor und Königin Nofretiri, die Lieblingsfrau von Ramses II.
Wer Abu Simbel in Ruhe besuchen will, sollte entweder früh losfahren oder gleich vor Ort übernachten, denn um neun Uhr kommen die Flugzeuge mit Touristenscharen.
Information: Die Rezeptionen der Hotels sind mit dem vorhandenen Prospektmaterial ausgerüstet und geben Tips für Ausflüge, über geeignete Führer, organisieren auch bei Bedarf Taxiausflüge und Felukkenfahrten. Zuverlässige Reisebüros sind: Eastmar Travel, Sharia el Sal el Ali, Telefon 3 03 78; Thomas Cook, Kornish El Nil, Telefon 32 40 11; Karnak Travel, Kornish El Nil, Telefon 31 50 06. Touristenpolizei, Telefon 30 31 63.

Kein Palaver ohne Wasserpfeife: Szene in Daraw

Felukken in Assuan

Nubierinnen

Der unvollendete Obelisk von Assuan

Wenn dienstags in Daraw Kamelmarkt ist, finden die Männer der Umgebung Zeit für ausgiebige Gespräche. Viele der Nubier aus dieser Gegend stammen aus der Region südlich von Assuan und wurden nach dem Bau der Staudämme nach Norden umgesiedelt.
Beim unvollendeten Obelisken von Assuan läßt sich gut verfolgen, wie die alten Ägypter mit wenigen technischen Hilfsmittel Felsen sprengten und bearbeiteten.

Ein Kanal versorgt das Nubierdorf mit Wasser

ROTES MEER, SINAI

Ferienzentrum am Wüstenrand

Hochseeyachten bringen Taucher aus aller Welt von Sharm el-Sheikh zu den Tauchgründen im Roten Meer und im Golf von Akaba. Wie Hurghada wurde auch die Stadt im Süden der Sinai-Halbinsel zum Ferienzentrum ausgebaut. Ausflüge führen von dort zum Säulenwald beim Wadi Feiran (kleines Bild) und zum Katharinen-Kloster unterhalb des Mosesbergs.

Weite Sandstrände säumen das Rote Meer und den Osten von Sinai

Felsen an der Straße nach Port Safaga

Ägypten ist vom Tourismus abhängig, besonders, seit Überweisungen der Gastarbeiter aus den Golfstaaten sowie Einnahmen aus Erdöl-Export und Suezkanal-Gebühren knapper geworden sind. Die Touristiker setzen auf die Ferienorte am Roten Meer und am Golf von Akaba. An den langen Stränden zwischen Hurghada und Quseir entsteht ein Hotel nach dem anderen. Geschichtsinteressierte werden in zwei Stunden durch die Wüste nach Luxor gefahren. Auf dem Sinai ist die Ostküste zwischen Sharm el-Sheikh und Taba an der Grenze zu Israel für den Tourismus erschlossen.

Hotelstrand in der Na'ama-Bucht bei Sharm el-Sheikh

Das Rote Meer und die Felsenküste des Sinai sind beliebte Tauchgründe

Hieroglyphen in Bir Umm

Zwei wichtige Straßen führen vom Nil durch die Arabische Wüste zum Roten Meer: von Qena nach Port Safaga und etwas weiter südlich von Qift (Koptos) nach Koser. Morgens eilen dort die Ausflugsbusse entlang und bringen die Badegäste aus Hurghada zu einem Kurzbesuch nach Luxor.

Im Altertum durchzogen viele Wege die östliche Wüste, auf denen die Handelskarawanen nach Punt und in den Sinai reisten und in den Steinbrüchen gewonnenen Granit, Türkis und Malachit sowie aus Bergwerken sogar Gold abtransportierten. Wissenschaftler haben in der Wüste 40 antike Goldminen nachgewiesen und 100 Kilometer östlich von Luxor bei Bir Um Fawakhir eine zum Goldwaschen benötigte alte Wasserstelle.

Im Osten weiden Beduinen ihre Kamele und Schafe

Wer sich mit einem Beduinen in die Wüste aus Vulkangebirge und Sandsteinfelsen vortastet, wird manche der alten Karawanenstraßen noch entdekken, dazu Reste von Arbeitersiedlungen, ausgetrocknete Brunnen und hin und wieder auch Felsinschriften und Tempelreste.

Einer der Beduinenstämme sind die Ma'aza, die sich in mehrere Clans aufteilen. Die Khushmaan-Sippe weidet ihre Kamele, Ziegen und Schafe auf einem riesigen, doch kargen Areal, das von den Orten Assiut und Qena am Nil sowie Gemsa und Port Safaga am Roten Meer begrenzt wird – eine Fläche von rund 60 000 Quadratkilometern.

Die Ma'aza haben fast 10 000 Jahre Erfahrung im Überleben in der Wüste. Trotzdem wird ihr Wissen nicht genutzt, im Gegenteil: Die Beduinen genießen bei den Ägyptern vom Nil einen ausgesprochen schlechten Ruf und werden von ihnen mißachtet. Die Planer aus Kairo bauen Straßen in Regionen, die bei den Nomaden für ihren Flugsand bekannt sind, sie hören nicht auf Ratschläge, wie Wasser zum Segen aller aufgefangen werden könnte, und geben »Freunden« Lizenzen, mit denen sie in Jeeps auf Gazellenjagd gehen und das sensible Ökosystem der Wüste in Gefahr bringen.

Für die Beduinen ist der vorsichtige Umgang mit natürlichen Ressourcen dagegen überlebenswichtig. Für das Feuer dürfen nur trockene Äste geschnitten werden. Einen Baum zu fällen käme einer Sünde gleich, denn wasserspeichernde Akazienblätter können beispielsweise bei jahrelanger Trockenheit Leben retten. Fehlt alles andere Futter, dürfen Blätter für die Tiere genommen werden, doch stets nur so viele, wie durch Schläge mit dem Kamelstock gegen den Stamm abfallen. Diese eisernen Gesetze werden von den Familien streng kontrolliert. Fehlt trockenes Holz für die Zubereitung des Tees und des Fladenbrots, muß Kamelmist als Ersatz herhalten, oder die Wurzeln toter Bäume werden ausgegraben. Ist alles Feuerholz verbraucht, versiegt auch die Gastfreundschaft. »Es gibt kein Feuerholz«, lautet dann die erbarmungslose Ausladung.

In der Nähe von Tanis, der noch nicht genau bestimmten Ramses-Stadt, mußte das Volk Israel zur Zeit Ramses II. Fronarbeit leisten. Von dieser neuen Hauptstadt im östlichen Nildelta, einem Pendant zu Theben im Süden, flohen die Semiten auf den Sinai und kamen auf ihrer Wanderschaft auch nach Feiran. Rund 80 Kilometer westlich des Katharinen-Klosters gelegen, ist dies noch heute die fruchtbarste Oase der Halbinsel. Die regelmäßige Wasserversorgung im Ort hat einige Beduinen veranlaßt, hier seßhaft zu werden. Ihre Kinder werden in der Schule von El Tarfa unterrichtet; die Ägypter hoffen, daß mit zunehmender Bildung auch die Sehnsucht nach der Wüste nachläßt.

Auf dem Mosesberg: In Scharen begrüßen Wanderer den Tag

Die wenigen Geschäfte führen Zitrusfrüchte, Äpfel, Aprikosen, Datteln, Granatäpfel und Pfirsiche. Auch Limonade gibt es, doch Bier und anderen Alkohol sucht man in diesem streng islamischen Ort vergebens.

Vom 4. bis 7. Jahrhundert war Feiran Bischofssitz; ein Kloster an der Quelle markiert die Stelle, wo unter Josuas Führung die Amalekiter von den Israeliten besiegt wurden. Einen Steinwurf entfernt ragt der 2070 Meter hohe Gebel Serbal auf, in der Bibel als Berg Horeb bezeichnet, wo Jahwe mit Israel den Bund geschlossen haben soll. Fälschlicherweise wurde dieser Berg einst als Gesetzesberg angesehen; tatsächlich war es aber der Gebel Musa unweit

des Katharinen-Klosters, auf dem Moses der Legende nach die zehn Gebote aus der Hand Gottes erhielt.
In Scharen wandern Touristen am frühen Morgen auf den heiligen Mosesberg, um den Sonnenaufgang in 2285 Meter Höhe zu genießen. Langsam hebt sich das Sinai-Gebirge aus der Nacht, im Osten spiegelt sich der Golf

Das Katharinen-Kloster auf dem Sinai

von Akaba im Licht des neuen Tages. Gottesnähe oder Wunder der Natur – fast alle beschleicht hier oben ein feierliches Gefühl, das ihnen die Kraft gibt, den langen Fußweg über 3400 Treppenstufen zurück zum Katharinen-Kloster ohne Wehklagen zu meistern.

Das Katharinen-Kloster bot einst Schutz vor Räubern

Die Ursprünge des Klosters reichen zurück in die ersten Jahrhunderte nach Beginn unserer Zeitrechnung, als christliche Einsiedler auf der Sinai-Halbinsel unter der römischen Verfolgung und räuberischen Sarazenen und Beduinen zu leiden hatten. Auf Bitte der Sinai-Mönche ließ der byzantinische Kaiser Justinian Mitte des 6. Jahrhunderts an einer Quelle ein Kloster bauen und von eigenen Soldaten und christlichen Sklaven aus Ägypten schützen. Benannt wurde es nach einer im Jahr 294 in Alexandria geborenen Aristokratin.
Heute leben in der 84 mal 74 Meter großen Klosteranlage noch etwa 50 grie-

Der Sinai als Landschafts-Abenteuer – bizarre Felsen leuchten in allen Farben

Kuppelgrab eines Scheichs im Wadi Nasib zwischen Katharinen-Kloster und Dahab

Beduinenfrau in reicher Festtracht

chisch-orthodoxe Mönche. Sie hüten unter anderem eine berühmte Bibliothek mit einer Ikonensammlung aus byzantinischer Zeit und Tausenden alter Manuskripte.
Eine grandiose, kaum zugängliche Berglandschaft mit 2000-Meter-Gipfeln bedeckt den Süden der Sinai-Halbinsel. In den achtziger Jahren »bereicherte« der belgische Künstler Jean Verame sie, indem er 16 Kilometer vom Katharinen-Kloster entfernt Felsen mit blauer Farbe bepinselte.
Wie in Hurghada, Safaga und Quseir mit ihrer Vielzahl von Hotels bilden auch in Sharm el-Sheikh an der Südspitze der Halbinsel das beständig gute Wetter, die Sandstrände und das saubere Wasser die Grundlagen für eine beliebte Ferienregion, die ihren früheren Charme durch den Massentourismus allerdings verloren hat. Die Küste vor Sharm el-Sheikh und der benachbarten Bucht Na'ama ist eines der bevorzugten Reviere von Tauchern; rund 150 000 reisen jährlich aus aller Welt zum Sinai. Weil die 150 Korallenarten durch diesen intensiven Tourismus bedroht waren, schuf die ägyptische Regierung dort in einem ehemaligen militärischen Sperrgebiet mit Hilfe der Europäischen Gemeinschaft den ersten bewachten Nationalpark des Landes. In dem 200 Quadratkilometer großen Areal steht die Natur jetzt unter Schutz; 140 Kilometer markierte Wege führen durch das Wunderland, von Stegen aus können Besucher Korallen und Fische beobachten. Tauchen und Schnorcheln ist nur an wenigen Stellen erlaubt, und geologisch besonders wertvolle Areale wurden total gesperrt.

Sinai-Beduinen

Stelen in Serabit el-Chadim, einer pharaonischen Türkis-Mine

Akazie in der Steinwüste der Sinai-Halbinsel

Beduinen, die Söhne der Wüste, sind sehr gastfreundlich – eine Tradition aus der Zeit der Wanderschaft. Die ägyptische Regierung ist indessen bemüht, die Nomaden seßhaft zu machen; die Schulerziehung in den Oasen ist Teil dieser Kampagne.
Ein beliebtes Ausflugsziel auf der Sinai-Halbinsel ist das Katharinen-Kloster, von dem aus zwei Wege auf den Mosesberg führen: Der Kamelweg ist auch geeignet für nicht im Bergsteigen Geübte, während die steile Pilgertreppe für nicht Schwindelfreie kaum zu empfehlen ist.
An der Stelle, wo Moses die zehn Gebote erhalten haben soll, stehen eine kleine, 1934 gebaute Dreifaltigkeitskirche sowie eine schmucklose Moschee.

In Hurghada am Westufer des Golfs von Suez begann Mitte der sechziger Jahre der ägyptische Tourismus am Roten Meer. Auf der Sinai-Halbinsel sind vor allem Sharm el-Sheikh, Na'ama und Ras Muhammad für den Fremdenverkehr erschlossen sowie am Golf von Akaba die Orte Taba, Dahab und Nuweiba.
In der Sinai-Wüste mit ihren zahlreichen fruchtbaren Oasen ist das Katharinen-Kloster ein beliebtes Ausflugsziel.

Hurghada

Karte S. 112/113, Planquadrat C 7.
Alter Fischerort mit neuem Zentrum (Wohnsilos) für 450 000 Menschen, El Dahar genannt. Die Stadt ist nicht gerade schön, bietet aber eine große Auswahl an Ferienhotels und -anlagen sowie hervorragende Wassersportmöglichkeiten.
Anreise: Mehrmals wöchentlich direkte Charterflugverbindung aus Deutschland (vier Stunden) sowie Linienverkehr von Kairo und Luxor (eine Stunde). Von Luxor fahren auch regelmäßig Busse nach Hurghada (drei bis vier Stunden).
Sehenswürdigkeit: Das Aquarium in El Dahar mit bunter Vielfalt der Meeresfauna und -flora des Roten Meeres.
Unterkunft: Zahlreiche Strandhotels, (meist drei bis vier Sterne). Empfehlenswert: das Bungalowhotel Giftun Village (drei Sterne) und das moderne Arabia Beach (vier Sterne) mit eigenem Wassersportzentrum und Diskothek Taboo. Fitness- und Sportprogramme bietet auch das Vier-Sterne-Feriendorf Magawish. Chaletartig ist das freundliche Drei-Sterne-Hotel Sand Beach um drei Süßwasserpools gruppiert. Familiäre, sehr ägyptische Atmosphäre im preiswerten Stadthotel Sea Horse (zwei Sterne). Mehr Komfort bieten in Hurghada das Grand Hotel und das Meliá Pharao (vier Sterne) sowie das Inter Continental mit fünf Sternen, in El Gouna das Mövenpick Jolie Ville (fünf Sterne), in Safaga das Holiday Inn Palace (fünf Sterne) und in Quseir das Mövenpick Jolie Ville mit vier Sternen. Sehr beliebt wegen des flachen Strandes ist der Club Magawish, 13 Kilometer südlich Hurghada.
Ausgehen: Die Küche der Hotelanlagen ist meist recht gut (in der Regel Büffet). Nette, einfache Restaurants findet man in Hurghada-Stadt (El Dahar), viele saubere Garküchen.

REISE-INFO
ROTES MEER, SINAI

Wassersport: Mehrere Tauch- und Surfbasen in Hurghada; beliebt sind Seahorse Diving Center (Hotel Seahorse), Aquanaut (Shedwan Golden Beach), Barakuda Aquanautic (Giftum Village) sowie Blue Water Dive Resort und Surf- und Segelcamp (beide Hotel Arabia). Alle Wassersportclubs unternehmen Tauchexpeditionen, auch für mehrere Tage. Hochseefischen vom Marine Sports Club aus.
Ausflüge: Mit Beduinen in die Wüste zu römischen Ruinen. Zum Tauchen zu den Korallenriffs südlich von Hurghada bis Safaga und nach Sharm el-Sheikh. Mit dem Flugzeug zum Katharinen-Kloster, mit Jeep oder Leihwagen zu den beiden Klöstern St. Paul (242 Kilometer Straße und 14 Kilometer Piste) und St. Antonius (weitere 30 Kilometer Straße und 50 Kilometer Piste; Karte S. 110/111, Planquadrat G 6).
Information: In den Hotelanlagen, wo Reiseagenturen vertreten sind. Informationsamt, Straße der Misr Bank, Telefon 44 05 13.

Sharm el-Sheikh

Karte S. 110/111, Planquadrat G 7.
Ferienort mit herrlichen Tauchgründen am Ras Muhammad, Ras um Sid und in der Straße von Tiran.
Anreise: Mit Charter- oder Linienmaschinen direkt über Kairo oder Hurghada, auf dem Landweg von Suez (300 Kilometer).
Unterkunft: Feriendörfer sind die bevorzugte Unterkunft in der Na'ama-Bucht. In der vier- bis fünf-Sterne-Kategorie das Mövenpick Jolie Ville (fünf Sterne), Hilton Fayrouz mit Freilichttheater und Reitstall, das neuere Hilton Residence und die Fünf-Sterne-Häuser Inter Continental, Marriott sowie Sonesta Beach Resort. Bei den kleineren Drei-Sterne-Anlagen sind bei deutschem Publikum vor allem das Falcon al Diar Resort, das Tiran Village und das Hotel Tropicana beliebt.
Ausgehen: Ein beliebter Treffpunkt sind Bar und Grillplatz des Taucherhauses Sanafir.
Wassersport: Möglich in allen Hotels. Der Dive Club (Partner des deutschen Nautico-Clubs) in Sharm el-Sheikh bietet komplette Taucherferien.
Ausflüge: Zum Katharinen-Kloster (mit Flugzeug oder per Bus oder Jeep, etwa 300 Kilometer Landstraße und Piste durch die herrliche Wüstenlandschaft). Am Katharinen-Flugplatz 16 Kilometer vom Kloster gibt es das einfache Hotel Al Salam und das etwas bessere St. Catherine Tourist Village.
Information: Auskünfte für Touristen gibt es in den großen Hotelanlagen und am Flughafen, Telefon 76 83 85.

Römische Ruine in Mons Claudianus

Taba, Dahab und Nuweiba

Ferienorte am Golf von Akaba.
Anreise: Nach Dahab Flug bis Sharm el-Sheikh, dann Bus- oder PKW-Transfer (100 Kilometer). Weitere 65 Kilometer nach Nuweiba und 135 nach Taba, das man einfacher vom neuen Flughafen Nakb erreicht (Flüge von Kairo, Air Sinai).
Unterkunft: Komfortable Hotels sind in Taba das Hilton & Nelson Village, in Dahab das Helnan Dahab, in Nuweiba die Ferienanlage Coral Hilton Resort sowie das renovierte Helnan Nuweiba. Alle Hotels liegen direkt am Sandstrand.
Ausgehen: Mehrere Restaurants in den Hotelanlagen. Eine Institution ist der urige Nelson's Pub in Taba.
Wassersport: Mehrere Tauchbasen; bekannt sind Aqua Sport International im Hotel Taba Hilton (auch Surfschule) sowie in Dahab das Lagona Diving Center von Achim Egler im Hotel Lagona Village.
Ausflüge: Von Dahab zum Katharinen-Kloster (70 Kilometer Piste).
Information: In den Hotels oder Misr Sinai Tourist in Taba, Telefon 77 01 28.

Jean Verame »gestaltete« die Felsen

Die südliche Sinai-Halbinsel ist geprägt von schroffer Felslandschaft

Reste einer römischen Siedlung: Mons Claudianus

Mädchen in Serabit el-Chadim

Mit Ausflugsbussen aus Sharm el-Sheikh, Hurghada und den anderen Badeorten am Roten Meer und Golf von Akaba lassen sich das Katharinen-Kloster und die Oase Feiran gut erkunden. Wer in der östlichen Wüste und auf der Sinai-Halbinsel auf eigene Faust unterwegs ist, sollte sich aber gut ausrüsten. Die Entfernungen sind dort groß und Ortschaften knapp. In der Wüste weiden Beduinen ihre Tierherden.

Karg und trocken: die arabische Wüste

NILDELTA Landwirtschaft und Fischfang: die Speisekammer

Bewässert von beiden Flußarmen, ist das Nildelta Ägyptens Landwirtschaftszentrum. Die Produkte dieser Speisekammer werden auf dem Fisch- und Gemüsemarkt von Alexandria angeboten, der zweitgrößten Stadt des Landes. Griechische und römische Ruinen sowie Häuser in italienischem Stil zeugen von ihrer wechselhaften Geschichte.

Nach etwa 60 Kilometern Wüstenstraße von Gizeh in Richtung Alexandria weist ein Schild nach links: noch fünf Kilometer zum Deir Abu Makar, dem Kloster des Makarios. Am Tor lehnt eine Tafel – »No visit for all Egyptians and foreigners« –, doch das Schild gilt nur, wenn die koptischen Mönche fasten: vor Ostern und vor Weihnachten, das die Christen Ägyptens erst am 6. Januar feiern. Zu allen anderen Zeiten werden die Besucher vom Mönch Uluglus, groß und breit und mit mächtigem Rauschebart, mit Fladenbrot, Oliven und zuckersüßem Tee willkommen geheißen.

Koptenkloster Abu Makar im Wadi Natrun

Palmenhaine und Olivengärten säumen die Straße vom Tor zur Klosteranlage, auf den Feldern liegen mehrere hundert Meter lange Bewässerungsleitungen. Plantagen mit Feigen und Reben, Pfirsichen, Guaven, Mangos, Äpfeln und Birnen folgen aufeinander: Das von 100 Brüdern bewirtschaftete Kloster ist auch eine Musterfarm.

Das Wadi Natrun, in dem es insgesamt vier Klöster gibt, liegt unterhalb des Meeresspiegels. In nur 100 Meter Tiefe fanden die fleißigen Mönche genügend Wasser, um das Land zu kultivieren. Innerhalb von 20 Jahren bauten 13 Ingenieure, die in Kairo studierten, eine mustergültige Landwirtschaft auf, die 500 Bauern Arbeit gibt. In ganz Ägypten profitieren die Fellachen vom Wissen und den Erkenntnissen der Mönche.

Mit raffinierten Bewässerungssystemen betreiben die Mönche in der Wüste Landwirtschaft

Ernte im Wadi Natrun

Nordwestlich von Kairo hat die Regierung Sadat City in die Wüste gesetzt

Villa in Sadat City

Bewässerung im Wadi Natrun

Kurz vor Sadat City führt eine Piste westlich in das Wadi Natrun, das 25 Meter unter dem Meeresspiegel liegt. Von den ab Ende des 3. Jahrhunderts gebauten, ursprünglich 50 befestigten Klöstern sind vier noch erhalten und von koptischen Mönchen bewohnt: das Makarios-Kloster mit einer Musterfarm, das Amba Bschoi, 1981 Sitz des damals verbannten koptischen Papstes, sowie die Klöster Surjan und Baramus.

Alexandria, Schauplatz dramatischer Diadochenkämpfe und Herrscherspiele, steht zu Unrecht im Schatten des Nil-Tourismus, denn wie kaum anderswo in Ägypten kann man hier kurzweilig zwischen Geschichte und Gegenwart schlendern. Ereignisse, die damals Weltgeschichte machten, sind mit der Stadt verbunden: Ptolemäus XIII. vertrieb hier seine Schwester Kleopatra und ermordete seinen römischen Vormund Pompejus, ertrank aber nach Julius Cäsars Landung im Nil. Die 22jährige Kleopatra wiederum tötete den als Mitregenten eingesetzten elfjährigen Bruder Ptolemäus XIV. und becircte den 52jährigen Cäsar, ihren gemeinsamen Sohn Cäsarion (Ptolemäus XV.) als Mitregenten einzusetzen. Kaum war Cäsar ermordet worden, da verführte Kleopatra der Überlieferung nach den nach Ägypten befohlenen Antonius und baute mit seiner Hilfe zehn Jahre lang ein Großreich auf – bis Octavian die Stadt eroberte und Antonius Selbstmord beging.

Ein Erdbeben zerstörte Alexandrias Weltwunder

Die Besichtigung der 331 v. Chr. von Alexander dem Großen benannten Stadt sollte man an der Corniche beginnen, wo Angler am Osthafen ihr Glück versuchen. Das arabische Fort Quaitbey gegenüber wurde teilweise aus Quadern des 180 Meter hohen Leuchtturms gebaut, der als eines der Sieben Weltwunder der Antike gilt. Nach einem Erdbeben stürzte er im 14. Jahrhundert ein. Jenseits der Straße steht stolz die Moschee Abul Abbas, von den Gläubigen selbst finanziert.

Über den Midan Saad Saghlul erreicht man die Sharia Safija Saghlul, Alexandrias Einkaufsstraße, die in die Sharia El-Horrija übergeht: Edle Handelshäuser erinnern dort an den Reichtum der Jahrhundertwende, als vorwiegend Griechen, Italiener und jüdische Ägypter das Geschäftsleben bestimmten.

Nur wenige Bauwerke des Altertums sind in Alexandria noch erhalten. In der Nähe der Sharia El-Horrija, direkt im Zentrum, läßt das erst in den sechziger Jahren ausgegrabene Amphitheater die römische Epoche jedoch wieder lebendig werden, wo einst der Kongreß der Ptolemäer abgehalten und Ägyptens Politik bestimmt wurde. Nicht weit ent-

Der Fischerhafen von Alexandria mit dem Fort Quaitbey

Eingangstor der Abul Abbas-Moschee

Freitags sind die Moscheen überfüllt, Gläubige beten auf der Straße

Der nördliche Stadtteil Anfushi hat sein orientalisches Gepräge bewahrt

fernt zeigt das Museum der griechisch-römischen Altertümer, wie unterhaltsam und kurzweilig eine Sammlung aufgebaut werden kann. In die römische Zeit führen auch die sehenswerten Katakomben mit in den Fels getriebenen Grablöchern.

Der Stein von Rosetta wurde im Delta gefunden, doch ist es besser, sich den arabischen Namen zu merken, wenn man den Ort besuchen will: Rashid, knapp 60 Kilometer nordöstlich von Alexandria. Auf vollen Straßen geht es durch das Land, vorbei an ägyptischem Alltag: Mit Säcken beladene Laster aus der Düngerfabrik in Abu Qir ziehen qualmend ihres Wegs, in der Ferne stehen grau die Raffinerien. Am Idku-See taucht ein kleiner Fischerhafen auf, im Rohr wurde ein kleiner Bolzplatz trokkengelegt. In den Lagunenflüssen treiben Ruderboote, Arbeiter hämmern auf einer Werft an rotgrünen Kähnen.

In Idku gibt es keine Taxis, dafür buntbemalte Planwagen als öffentliche Verkehrsmittel. Auf den Bauernhäusern liegt stockwerkshoch der Strohvorrat. Rabenschwarze Köhler sammeln auf einem Platz Material für Holzkohle. »Welcome in Rasheed« heißt es dann auf einem Schild; man scheint in Rosetta auf Touristen eingestellt zu sein. Droschken warten auf Fahrgäste, aus kleinen Restaurants riecht es nach Schischkebab, das Arab Killy House, ein früheres Kaufmanns- und Lagerhaus aus schwarzen und roten Backsteinen, wurde zum Museum umgestaltet.

Fünf Kilometer nördlich liegt die Burg Rasheed mit der Quaitbey Citadel. Die frühere Garnison wurde mit viel Aufwand hergerichtet. Hier entdeckte der napoleonische Offizier Bouchard den Stein von Rosetta, mit dessen Hilfe Champollion die Hieroglyphen entzifferte (s. S. 100/101). Der Wärter ist schon gewohnt, daß vor allem deutsche Besucher die exakte Stelle erfahren wollen, wo der Soldat 1801 die Tafel fand. Der Stein ist heute im Britischen Museum in London ausgestellt.

Auf dem Weg nach Tanta fallen die großen Baumwollager auf, vor allem in Damanhur, wo die Wolle in Fabriken verarbeitet wird. An der Straße bieten Händler Karotten und Rote Bete feil. Ein Händler treibt seinen Esel an, der einen Karren mit einem Petroleumfaß zieht; der Mann zieht von Haus zu Haus, ausgestattet mit Kanister und Trichter.

Sesam und Baklawa: Tanta ist die Stadt für Naschkatzen

Mitten im Delta liegt die Universitätsstadt Tanta, deren Bahnhofsgebäude im Kolonialstil mit Triphorien und maurischen Bögen mit der Sajed-Ahmed-el-Badaui Moschee um die Schönheit wetteifert, deren drei Kuppeln und zwei Minarette das Stadtbild beherrschen. Über den Vorplatz zieht der Duft von gerösteten Kichererbsen, Halawa mit Sesam und Baklawa mit Kokos. Tanta ist die Stadt für Naschkatzen.

Im Nildelta mußten die Landwirte umlernen, seit der Assuan-Staudamm für eine regelmäßige Bewässerung der Felder sorgt und der düngende Nilschlamm ausbleibt. Das ist nicht einfach für die älteren Fellachen, doch die Jungen lernen neue Methoden. Anfangs wurde der fehlende Schlamm durch Kunstdünger ersetzt, was zu starker Übersalzung des Bodens führte; jetzt setzt man auf Mischkultur, und Hülsenfrüchte sollen der Erde Stick- und Mineralstoffe zuführen.

Die ideale Bewirtschaftung der Felder im Nildelta sehen Fachleute in der Dreierfolge: sechs Monate Baumwolle, drei für Hülsenfrüchte und drei für Klee. Als

Alexandria beherbergt das einzige römische Amphitheater in Ägypten

Beim Bau des Forts Quaitbey wurden Steine und Fundamente des 280 v. Chr. von König Ptolemäus II. gebauten Leuchtturms verwendet. Mit seinen 140 Metern Höhe zählte der »Wolkenkratzer« zu den Sieben Weltwundern der Antike. Im 14. Jahrhundert stürzte er bei einem Erdbeben ein. Alexandria war unter den Griechen und Römern ein Zentrum der Gelehrsamkeit. Die sagenhafte Bibliothek umfaßte knapp eine Million Handschriften, bis sie zur Zeit Cäsars und Kleopatras niederbrannte. Das moderne Alexandria, bedeutendster Hafen im östlichen Mittelmeer, ist dem Herrscher und Wirtschaftsreformer Mohammed Ali zu verdanken.

Die Grabmoschee des Lokalheiligen Sidi Abul Abbas-el-Mursi

Wechselfrucht wird zwischendurch Weizen statt Baumwolle angebaut, um den Boden zu schonen, und auf bereits versalzten Äckern gibt es Versuche mit Reis. Die beste Baumwolle gedeiht rund um Shibin, 60 Prozent der Delta-Bevölkerung leben davon.

Um eine effektivere Bewirtschaftung bemüht sich auch die deutsche GTZ (Gesellschaft für Technische Zusammenarbeit): Fachleute aus der Bundesrepublik lehren die Fellachen, das Saatgut gegen Schädlinge zu beizen, um nicht mehr 200, sondern nur noch 20 Kilogramm Saatgut pro Hektar ausbringen zu müssen. Das ist ein wichtiger Faktor für ein Land, das 60 Prozent seiner Nahrung importieren muß.

Aus El Mansura im östlichen Delta stammt die in Ägypten verehrte Sängerin Om Kolsoum. In der Nähe liegt die Ruinenstadt Tanis. Sie ist eine der Hauptstädte, die in der Zeit der Ramessiden im Norden gegründet wurden, um das Land besser verteidigen zu können. Auch wenn die Archäologen Denkmäler von Ramses II. und seinem Nachfolger Merenptah fanden, vermuten sie die eigentliche Ramses-Stadt, von der aus der Exodus der Juden begann, etwas weiter östlich in der Nähe von Kantara am Suezkanal.

Der Suezkanal verkürzte den Seeweg nach Indien

Das große Ruinenfeld von Tanis macht den Eindruck, als habe ein Riese mit den Tempeln und Statuen gespielt und diese dann achtlos weggeworfen. Man ist dort ziemlich allein, Gruppen verirren sich selten nach Tanis. Da noch vieles unter dem Sand begraben ist, wird im Laufe der Jahre wohl noch manche Überraschung ans Tageslicht kommen, denn Tanis hatte im Norden die gleiche Bedeutung wie Theben im Süden.

Einer Fata Morgana gleich scheinen am Ostrand des Nildeltas Ozeandampfer durch die Wüste zu gleiten. Zwischen den Städten Port Said und Suez verläuft dort der Suezkanal, die neben dem Panama-Kanal wohl wichtigste künstliche Wasserstraße überhaupt.

Der Gedanke, zwischen dem Mittelmeer und dem Roten Meer einen Kanal zu bauen, ist uralt. Schon 500 Jahre vor Beginn unserer Zeitrechnung gab es dort die erste Verbindung, die jedoch rasch wieder versandete. Einmal wurde

Bootswerft in Rosetta im Nil-Delta

Das Arab Killy House in Rosetta

Unterägyptische Logistik: Ein Petroleumkutscher verteilt den Brennstoff

Im Nildelta wurden die Präsidenten Sadat und Mubarak geboren. Sie kannten schon als Kinder die Probleme und Sorgen der Bauern, trieben ihre Büffel zum Dorfkanal, kannten die Bilharziose, verstanden später den Grund für die Überbevölkerung, wußten, daß Familienplanung nach Meinung der Fellachen gegen die Religion verstößt. Die Umsetzung vieler Reformen scheitert aber am Widerstand des traditionell denkenden Volkes.

Dach mit Strohvorrat – gleichzeitig Hitze- und Regenschutz

Baumwolle ist Ägyptens bedeutendstes Exportgut

der Kanal wieder schiffbar gemacht, im 8. Jahrhundert auf Befehl des Kalifen Abu Djafar al-Mansur aber blockiert, um schiitischen Rebellen in Medina den Nachschubweg abzuschneiden.
Als die Macht europäischer Staaten im 19. Jahrhundert anwuchs und der Handel mit Fernost aufblühte, baute eine Suezkanal-Gesellschaft den neuen, 162

Skulpturen in Tanis, einst Hauptstadt

Kilometer langen Kanal: Über zehn Jahre hinweg schufteten 25 000 Arbeiter auf der riesigen Baustelle, bis der Wasserweg am 17. November 1869 feierlich eröffnet wurde. Er verkürzt den Seeweg von Europa nach Indien um die Hälfte der Zeit.
Ägypten brachte damals zwei Drittel der 25 Millionen Pfund hohen Baukosten auf, überschuldete sich und mußte seine Anteile für lächerliche vier Millionen Pfund an die Briten verkaufen. In den fünfziger Jahren war das ein Hauptgrund für den Kampf der Ägypter gegen die Kolonialmacht. Die Briten zogen sich damals zurück, besetzten aber die Kanalzone. Die Krise wurde erst durch die Intervention der USA und der Sowjetunion beigelegt.
Nach dem israelisch-ägyptischen Krieg von 1967, als die Israelis die Sinai-Halbinsel besetzten und bis an die Wasserstraße vordrangen, blieb der Suezkanal mehrere Jahre geschlossen. Seit 1975 ist er wieder geöffnet und sogar für vollbeladene Supertanker passierbar.

Alexandria

Karte S. 110/111, Planquadrat A 1.
Ihren Namen verdankt die Stadt ihrem Gründer Alexander d. Gr. (332 v. Chr.), ihr heutiges Aussehen den Italienern, Franzosen, Griechen und jüdischen Kaufleuten, die im ausgehenden 19. Jahrhundert hier ihre Handelshäuser etablierten.
Ägyptens bedeutendste und größte Hafenstadt 220 Kilometer nördlich von Kairo ist auch das Börsen- und Handelszentrum des Landes. Die »Perle des Mittelmeeres« ist zudem ein bei Ägyptern beliebter Erholungsort.
Anfahrt: Über die kostenpflichtige Autobahn durch die Wüste entlang dem Wadi Natrun liegt Alexandria 225 Kilometer, über die Deltastraße 221 Kilometer von Kairo entfernt. Anreise per Linienbus oder Sammeltaxi, mit dem komfortablen Zug (zweieinhalb Stunden) sowie mit dem Flugzeug (30 Min.).
Sehenswürdigkeiten: Moschee Sidi Abdul Abbas-el-Mursi aus dem 18. Jahrhundert über dem Grab des Scheichs aus dem 13. Jahrhundert (Sh. 26. July). Das Fort Quaitbey entstand im 18. Jahrhundert auf den Fundamenten und mit Baumaterial des eingestürzten Leuchtturms. Kleines Museum; 9 bis 16 Uhr, freitags über Mittag geschlossen.
Museum für griechisch-römische Altertümer aus der Zeit zwischen 300 v. und 300 n. Chr. mit Funden aus Alexandria, darunter eine Kolossalfigur von Marc Aurel, ptolemäische Tanagra-Statuetten und ein lebensgroßer Stier aus Diorit (Sh. Mathaf, täglich von 9 bis 16 Uhr, freitags von 11.30 bis 13.30 Uhr Pause).
Meeresbiologisches Museum am Fort Quaitbey (täglich von 9–14 Uhr.
Das einzige römische Amphitheater Ägyptens wurde 1963 freigelegt, es zeigt Reste römischer Straßen, Gebäude und Bäder. Das Serapeum war das Heiligtum eines ägyptisch-griechischen Gottes (Sh. Amud es-Sawari), dort Sphinx und sogenannte Pompejus-Säule (25 Meter hoch).
Die Katakomben von Kôm-esch-Schukafa mit Felsengräbern aus dem 1. und 2. Jahrhundert sind die größte römische Grabanlage des Landes (täglich von 9 bis 16 Uhr, freitags Mittagspause). Bei Einheimischen sehr beliebt ist etwa zehn Kilometer östlich vom Zentrum der Montazah-Park um den ehemaligen Königspalast.

REISE-INFO
NILDELTA

Unterkunft: Auswahl in allen Kategorien. Zu den Luxushotels zählen Montazah Sheraton und Helnan Palestine, beide im bzw. am Montazah Park, sowie das Ramada Renaissance, Al Geish Str. 544. Mittelklasse, mit Atmosphäre im Zentrum sind das Cecil in der Midan Sad Zahglul, der Windsor Palace an der Corniche al Nil (ohne Alkoholausschank) und der Maamura Palace an der Maamura Beach.
Ausgehen: Viele gute Fischrestaurants entlang dem Meer, z. B. San Giovanni, Mr. Adouras Restaurant an der Anfushi-Bucht, wo es köstlichen gegrillten Fisch gibt, und das Trianon im Metropol.
Außerdem: International Sea Food Restaurant, Al Geish Str. 808; Santa Lucia, Safia Zaghlul Str. 40 (auch Bar/ Nachtclub), Apollo, Abd as Salam Arefi Str. 74; Al Ekhlas, Saad Zaghlul Str. 21.
Einkaufen: Die Einkaufsstraßen von Alexandria sind die Sharia Safija Saghlul und ihre Verlängerung Sharia El-Horrija mit schönen Handelshäusern. Die Souks befinden sich nordwestlich des Md. Tahrir. Das Atarin-Viertel südlich der Sh. Mitwalli bietet viele kleine Läden mit Antiquitäten und Trödel.
Auskunft: Touristeninformation und -polizei am Midan Saad Saghlul, Tel. 80 76 11, geöffnet 9–18 Uhr; weitere Infos: am Hauptbahnhof, Tel. 80 79 85; am Westhafen, Tel. 4 92 59 86.

Rashid, Tanis, Tanta, Wadi Natrun

Für Ausflüge ins Delta benötigt man einen Wagen oder mietet sich einen motorisierten Führer. In vielen Orten findet man meist einfache Hotels.
Rashid, Rosetta (Karte S. 110/111, Planquadrat A 2): 60 Kilometer östlich von Alexandria. Sehenswert ist hier die hübsch restaurierte Zitadelle des Quaitbey fünf Kilometer nördlich des Zentrums mit der Kopie des dort gefundenen Steins von Rosetta; das Original steht im Britischen Museum in London. Er half dem französischen Ägyptologen Champollion, die Hieroglyphen zu entziffern. Im alten Ortskern gibt es in einem restaurierten Lagerhaus eine Art historisches Museum mit unzuverlässigen Öffnungszeiten.
Tanis (Karte S. 110/111, Planquadrat 85): Ausladende Ausgrabungsstätte im östlichen Nildelta. Das kaum besuchte nördliche Pendant zu Theben ist täglich von 9 bis 16 Uhr geöffnet, freitags über Mittag geschlossen. Fremde benötigen für die Anfahrt eine gute Karte.
Wadi Natrun (Karte S. 110/111, Planquadrat C 1, 2): Rund 70 Kilometer südlich Alexandria an der Wüstenstraße stehen im Wadi Natrun gleich vier sehenswerte koptische Klöster: Deir Abu Makar (Makarios-Kloster), Deir Amba Bschoi (Kloster der Heiligen Pschoi), Deir es-Surjan (Kloster der Syrer) und Deir el-Baramus (Borromaios-Kloster). Die Oase ist ein landwirtschaftlicher Musterbetrieb, viele Plantagen und Tierhaltung.
Das Wadi erhielt seinen Namen nach dem Natron, das dort gewonnen wird. Es wurde einst für die Einbalsamierung von Leichen benutzt und findet heute in der Glasherstellung sowie beim Bleichen von Stoffen Verwendung.
Von der Autobahn ist die Oase über Pisten erreichbar. Viele Reisebüros und Hotels veranstalten Ausflüge dorthin.
Tanta (Karte S. 110/111, Planquadrat B 3: Universitätsstadt (200 000 Einwohner) mit sehenswerter Moschee. Auf dem nahen Markt gibt es sehr süße ägyptische Leckereien und bunte Baumwollstoffe.
El Alamein (Karte S. 110/111, Planquadrat B 1). Nahe dem Ort 104 Kilometer westlich von Alexandria wurde 1942 das deutsche Afrika-Korps vernichtend geschlagen. Deutsche, britische und italienische Soldatenfriedhöfe und Kriegsmuseum. An diesem Küstenstreifen gibt es einige sehr schöne Badebuchten. Die Region wird zunehmend für den Tourismus erschlossen.

Pompejus-Säule und Sphinx von Haremhab

Innenhof des Museums für griechisch-römische Altertümer

Auf dem Obstmarkt von Alexandria

Möbeltransport

Brennstoff-Händler im Nildelta

Nirgendwo in Ägypten wird die griechische und römische Epoche des Landes so deutlich wie im Nildelta. Alexandria beherbergt das einzige Amphitheater des Landes und das Museum für griechisch-römische Altertümer mit einer Fülle von Exponaten aus dieser Zeit. Bekannt ist der kleine Ort Rashid, wo ein Soldat Napoleons den Stein von Rosetta fand. Eingemeißelte Schriften bildeten den Schlüssel für die Entzifferung der Hieroglyphen.

Taubenhäuser prägen das Bild der Dörfer mit

OASEN Lebensräume in feindlicher Umwelt

Schon nahe der libyschen Grenze, ist Siwa die abgelegenste Siedlung des Landes. Nur wenige Oasen erlauben in der Wüste menschliches Leben, fast alle liegen entlang einer unterirdischen Wasserader, die sich vom Sudan bis zum Mittelmeer zieht. In der Weißen Wüste begegnen Reisende bizarren Felsformationen.

Ein zweites Niltal wollte Nasser seinem unaufhaltsam wachsenden Volk bieten und schuf 1958 die Idee des New Valley: Mit dem Ziel, das Potential des Oasenwassers zu nutzen und neue Siedlungen anzulegen, bereitete der Präsident die Grundlage für die Erschließung der westlichen Wüste.

Besonders geeignet erschienen den Politikern in Kairo die Oasen Bahariya, Farafra, Dakhla und Kharga; sie liegen an einer Wasserader, die sich vom Sudan in einem Bogen in Richtung Mittelmeer zieht. In Gizeh beginnt eine Wüstenstraße, die alle Oasen miteinander verbindet und von El Kharga nach Assiut eine andere nach Luxor an den Nil zurückführt.

Seit Jahrtausenden versorgen sich die Oasenbewohner aus Brunnen, doch erst seitdem Techniker mit neuen Methoden 1500 Meter in die Tiefe vorstießen, waren dort Bedingungen geschaffen für die Ansiedlung weiterer Menschen. Fellachen erhielten beim Umzug in die Wüste zwei Hektar Land, eine Kuh, einen Esel und Geflügel als Prämie und Aufbauhilfe.

Fünftausend Quadratkilometer Neuland sollten so gewonnen werden, doch viel mehr als 300 Quadratkilometer sind es nicht geworden: Weil die meisten Fellachen vom Nil die Wüste hassen, fehlen Umzugswillige, und außerdem bringt die Gewinnung des Grundwassers aus großer Tiefe zuvor unbekannte Probleme: Das teils aggressive Wasser beschädigt Rohre und Ventile. Viele Quellen können nicht mehr reguliert werden, so daß Tiefenwasser nutzlos an der Oberfläche versickert und den Grundwasserspiegel erhöht, was zur Versalzung des Bodens führt.

Die Gastfreundschaft brachte mancher Familie den Ruin

Der Tourismus wird von vielen der 120 000 traditionsbewußten Oasenbewohner beargwöhnt. Schon die Rucksacktouristen brachten mancher Familie den Ruin. In einschlägigen Kreisen kursierten Tips über die unermeßliche Gastfreundschaft und kostenlose Verpflegung, mit denen man sich in der Wüste durchschlagen könne. Tatsächlich schlachten in Traditionen verhaftete Ägypter ihr letztes Huhn für den Gast. Doch auch die Touristen in den Reisebussen bringen Probleme, denn west-

In Tausenden von Jahren schufen Wind und Sand aus Kalkstein die Weiße Wüste

Heiße Quelle in der Oase Bahariya

Die Libysche Wüste, ein Off-Road-Traum

liche Lebensgewohnheiten gefährden die Identität der Oasenmenschen. Ägyptische Touristikexperten setzen daher auf die Einsicht der ausländischen Gäste, die Lebensformen nicht zu zerstören, zu deren Besichtigung sie in die Wüste gereist sind.
Wer sich verantwortungsbewußt verhält, schlägt beispielsweise Einladungen der traditionell besonders gast-

Balat: Innenhöfe spenden Schatten

freundlichen Oasenbewohner »aus Zeitmangel« höflich aus. Frauen baden nicht in der Öffentlichkeit, obwohl das bei den bis zu 40 Grad warmen Quellen mitten in der Libyschen Wüste sehr verlockend ist, Männer fotografieren zudem keine Frauen, und Shorts sind absolut tabu.
Bahariya und Farafra waren während der pharaonischen Zeit Vorposten gegen marodierende libysche Stämme. Zwischen den Oasen erheben sich bizarre Kalkriesen aus der Wüste, haushohe, von Wind und Wetter geformte »Köpfe«, »Tiere« und »Burgen«. Der Sand blendet die Augen. Ein weißer Berg ähnelt gar einem schneebedeckten Alpenkamm, auf dem Sammler eine Vielzahl von Muscheln, Korallen und Tierknochen finden. Sie stammen aus prähistorischer Zeit, als hier noch Meer das Land bedeckte.
Am Rande von Bahariya hüten Hirten die Kamele. Längst haben sie sich damit abgefunden, von Fremden gegen ein paar Piaster fotografiert zu werden, zumal ihnen das Geld in schlechten Zeiten über die Runden hilft. Wenn die Kamele in Trockenzeiten nicht genügend Futter finden, werden sie abgemagert nach Kairo getrieben – auch wenn sie nicht den erhofften Gewinn einbringen.

Schule in der Oase Farafra

Dorfszene in der Oase Dakhla

Die Fahrt ins New Valley, zu den Oasen der Libyschen Wüste, steckt voller Überraschungen. Versteinerte Bäume säumen den Weg, neben der asphaltierten Piste schlängelt sich plötzlich eine Eisenbahnlinie entlang. Sie startet in Managim, wo eisenhaltige Erze gefördert werden. Züge bringen sie in die Eisenhütten von Heluan südlich von Kairo. Und dann die Weiße Wüste: In dieser Kalksteinwüste, einst vom Meer bedeckt, tobte viele tausend Jahre der Wind, schliff Sand den Stein, formten Naturkräfte bizarre Pilze und Skulpturen.

Die ägyptischen Oasen in der Libyschen Wüste lassen sich in drei geografischen Gruppen zusammenfassen: Faijum (s. Kap. 4, Karte S. 110/111, Planquadrat E, F 2, 3) mit dem großem Karun-See südöstlich von Kairo, das sogenannte New Valley mit den Oasen Bahariya, Farafra und Dakhla sowie praktisch auf einer Höhe mit Luxor 100 Kilometer hinter dem Sandsteinplateau die Oase Kharga. Abgelegen im Westen der Libyschen Wüste ist Siwa nur mühsam zu erreichen.

Anfahrt: Öffentliche Verkehrsmittel (vor allem Sammeltaxis) erreichen in dichter Folge nur Faijum. Der Bus von Assiut über Kharga nach Dakhla braucht 12 Stunden. Kharga hat zudem einen Flugplatz für kleine Maschinen. Es werden inzwischen von Ägypten-Spezialisten auch gezielt Oasen-Reisen angeboten. Die gesamte Wüstenstraße von Gizeh über das New Valley nach Kharga und weiter nach Assiut oder Luxor ist 1200 Kilometer lang. Wer die Reise mit einem eigenen Fahrzeug unternehmen will, sollte genügend Wasser mitnehmen; besser ist es, sich einer Tour anzuschließen oder öffentliche Verkehrsmittel zu benutzen (Information in örtlichen Reisebüros).

Bahariya

Karte S. 110/111, Planquadrat E 1.
180 Kilometer westlich von Assiut und 360 Kilometer südwestlich von Kairo liegt diese obstbaumreiche Oase mit ihren angeblich 268 Mineral- und Schwefelquellen. Für die Ägypter ist sie ein beliebtes Jagdrevier auf Gazellen, Enten und Vögel.

Unterkunft: Gewohnt wird in den staatlich geführten Gouvernorats-Chalets oder im neuen Health-Center, einem komfortablen Vier-Sterne-Hotel, in dem die heißen Quellen am Rande der Oase für Heilzwecke genutzt, aber auch Wüstensafaris angeboten werden.

Farafra

Die kleinste und westlichste Oase liegt 183 km südwestlich von Bahariya. Dattel- und Obstplantagen. Außer der schönen Landschaft gibt es dort ein Heimatmuseum Badr sowie die »Paläste« von Abu-Munqar und Al-Farafra, beide Lehmbauten aus der Römerzeit.

Unterkunft: einfache Herberge.

REISE-INFO
OASEN

Dakhla

Karte S. 112/ 113, Planquadrat G 1.
Landschaftlich reizvolle Oase knapp 200 Kilometer westlich von Kharga.

Sehenswürdigkeiten: El Qasr, der frühere Hauptort der Oase, mit seinem mittelalterlichen Kern und einer Moschee aus Lehmziegeln. Schöne Aussicht vom westlichen Minarett.
In Dakhla gibt es viele Ausgrabungen sowie im jetzigen Hauptort Mut Reste eines Friedhofs aus dem 6. Jahrhundert v. Chr. in Form von Mastabas.
Vor der Oase befindet sich die Nekropole El Mazawaqa mit »Pharaonengräbern« aus der römischen Epoche des Landes; besonders interessant sind Badi Basant und Badi Ozeer.
Aus türkischer Zeit, also weit jünger, ist das Balat-Dorf, das bis heute bewohnt geblieben ist. Zu ihm gehört das pharaonische Balat-Dorf mit Mastabas aus dem 6. Jahrhundert v. Chr. Aus der Römerzeit stammt das Kloster (Deer) Al-Hagar mit interessanten Inschriften.

Ausflüge: 40 Kilometer östlich von Mut steht ein Dorf im sogenannten pharaonischen Stil: Heute besteht es nur noch aus römischen und islamischen Gräbern, von denen das Kitanus-Grab als das wichtigste bezeichnet wird.
Auf halber Strecke zwischen Dakhla und Kharga finden Thermalwasser-Freunde den Mut-Brunnen (bis 43 Grad) und die pharaonischen Een-El-Qassr-Brunnen mit bis zu 45 Grad heißem Wasser.

Unterkunft: Staatliches Hotel Tourist Home in Mut.

Dichter Palmenbestand: die Oase Bahariya

Kharga

Karte S. 112/ 113, Planquadrat G 1.
Neben Faijum die am besten für den Fremdenverkehr erschlossene Oase. Hier befinden sich auch mehrere einfache Hotels und ein Wüstencamp mit Strohhütten, meist mit klimatisierten Zimmern. Die Nummer eins ist das Al-Kharga, gefolgt von High-Deal, Al-Waha, den Touristenhäusern von Al-Wadi Al-Dschadied und einem Campingplatz nahe den Nasser-Brunnen.

Sehenswürdigkeiten: Archäologisches Museum; Hibis-Tempel mit seinen zwei Pylonen, erbaut während der 26. Dynastie für die thebanischen Götter Amon Re, Mut und Chons. In Bagawat die Kuppelgräber (263 an der Zahl) mit einer in ihrer Mitte befindlichen Kirche aus dem 11. Jh., eine der ältesten Ägyptens also. Ebenfalls für die thebanische Göttertriade Amon Re, Mut und Chons wurde der Al-Guwieta-Tempel während der 27. Dynastie errichtet und von den späteren Ptolemäern (III., IV., X.) vollendet. Aus römischer Zeit stammen bereits der 25 Kilometer südlich gelegene Tempel von Al-Zaijan und das 30 Kilometer nördlich gelegene Festungskloster von Darb Al-Arbaien zum Schutz des Karawanenweges.
Erlebnisreich ist ein Bad in den heißen Quellen (bis zu 39 Grad Celsius) von Boulaq, Nasser und Ganah.

Paris

Knappe 100 Kilometer südlich von Kharga befindet sich Paris, der Dosch-Tempel aus der römischen Zeit. Er wurde Gott Sirabis geweiht und ist deshalb interessant, weil sich wieder einmal mehrere Epochen der ägyptischen Geschichte auf einem Fleck zusammen widerspiegeln.

Siwa

Die abgelegenste Oase weit im Westen nahe der libyschen Grenze. Durch die tausendjährige Isolation haben sich eine eigene Kultur und Sprache entwickelt, inzwischen ist aber der ägyptische Einfluß sehr stark. Unterkunft im staatlichen Hotel.

Wichtig: Für den Besuch der Oase muß eine Genehmigung eingeholt werden: EGAPT in Marsah Matruh, Rathaus, Tel. 3 94 31 29.

Die Oasen decken den Eigenbedarf an Datteln, Oliven, Aprikosen, Gemüse und Weizen

Dakhla: Pharaonengräber aus römischer Zeit

In El Qasr, früherer Hauptort von Dakhla

Versteinerte Bäume in der Libyschen Wüste

In der zwei Millionen Quadratkilometer großen ägyptischen Sahara verläuft von Abu Simbel bis Siwa im Norden eine geologische Senke parallel zum Niltal. Als Europa unter Gletschern lag, bildete sich hier ein unermeßlicher Wasservorrat. In der Pharaonenzeit traten die artesischen Brunnen unter eigenem Druck zutage, versiegten dann aber. Mit neuen Techniken schafften es die Griechen und Römer, tiefer zu bohren, besiedelten die Oasen neu und bauten ihre Kultstätten.

Laden in der Oase Bahariya

Von Pharaonen und Potentaten

Dynastien

Vor 6000 Jahren gab es noch genügend Platz an den vom Schlamm gedüngten Ufern des Nils. So siedelten sich hier neben seßhaften Bauern auch Nomaden an, die von der Wüste vertrieben wurden, weil diese ihre Existenzgrundlage – die Steppe – verschlang.
Selbstbewußt und kämpferisch, in großen Sippen verbunden, übernahmen die einstigen Hirten und Jäger die Macht über die seßhaften Fellachen. Die Sippenführer schwangen sich zu Fürsten auf, sicherten das Land gegen Feinde von außen und wählten einen König: Als erster nachweisbarer Pharao gilt Menes. Er soll vor 5000 Jahren Unter- und Oberägypten vereinigt haben, was historisch aber nicht belegt ist. Gemeinsame Hauptstadt war Memphis.
Die ägyptische Geschichtsschreibung begann also um 3000 v. Chr. Im Laufe der relativ kurzen Zeit von 200 Jahren waren die Grenzen des Landes abgesteckt, die Güter eingeteilt, der Wasserverbrauch geregelt, die Steuern festgelegt und die Schrift entwickelt. Ab der 3. Dynastie (2635 v. Chr.) konnte das Volk der Ägypter ein eigenes Kulturleben schaffen: Wissenschaftler entwikkelten aus dem Rhythmus der lebenswichtigen Nilüberschwemmungen den Kalender, und Architekten errichteten die ersten Bauten aus behauenem Stein, so die Stufenpyramide des Djoser, ein Werk des berühmten Imhotep.
In dieser Epoche fanden die Götter einen Platz in den Mythen des Volkes. Ihre Macht wurde durch den König personifiziert. Im Pharao war der Gott inkarniert, und die Herrscher ließen immer größere Pyramiden bauen, um sicher den Weg ins Jenseits zu finden. In der 5. Dynastie wurde unter Userkaf der Sonnengott Re zum Herrscher des Himmels; als aufgehende Sonne nahm er auf den Spitzen der ersten Obelisken Platz. Der Pharao galt in dieser Zeit nicht mehr selbst als Himmelsgott, sondern nach dem neuen Dogma als gezeugt vom Sonnengott Re in Gestalt des Königs mit der Königin: Er war Sohn Gottes, Mensch und Gott zugleich.
Allmählich wuchsen die mit königlichen Lehen versorgten Beamten, die für die Ordnung im Staat zu sorgen hatten, zum bodenständigen Adel heran, mehrten ihren Besitz und schwächten die Macht der Herrscher. Nach 500 Jahren verabschiedete sich das Alte Reich im Chaos kleiner Kriege. Es hinterließ so berühmte Bauwerke wie die Cheops- und Chephren-Pyramide.
Die Zwischenzeit war geprägt von einem ständigen Machtwechsel; in knapp 100 Jahren erlebte das Land eine Vielzahl von Königen. Hungersnöte und Bürgerkriege zersetzten die alten Ordnungen. Die Zustände dieser Epoche beschreibt ein Weiser in einem Papyrus: »... Bettler sind zu Herren von Schätzen geworden ... Jeder Asiat ist heute ein Mann von Bedeutung. Die aber einst Ägypter waren, benehmen sich wie herumziehende Nomaden ...«
Mentuhotep aus Theben gelang es ab 2040, das Land zu befrieden. Privater Grundbesitz ging wieder an den Staat, das Gerichtswesen wurde neu geordnet, die Verwaltung gestrafft.
Theben wurde in der 11. Dynastie (2130–1991), Memphis in der 12. Dynastie (1991–1785) politisches und religiöses Zentrum einer Weltmacht: Das wiedervereinigte Reich eroberte Nubien, trieb Handel mit Palästina und den Phöniziern. Die Oase Faijum wurde von Amenemhet III. mit Kanälen und Dämmen zu einem Gemüse- und Obstgarten ausgebaut. Der große König

Epoche	Zeit
Frühzeit (1. und 2. Dyn.)	ca. 3000–2635
Altes Reich (3. bis 8. Dyn.)	2635–2135
Erste Zwischenzeit (9. bis frühe 11. Dyn.)	2135–2040
Mittleres Reich (späte 11. bis frühe 13. Dyn.)	2040–1715
Zweite Zwischenzeit (späte 13. bis 17. Dyn.)	1715–1551
Neues Reich (18. bis 20. Dyn.)	1551–1080
Dritte Zwischenzeit (21. bis 24. Dyn.)	1080–712
Spätzeit (25. bis 31. Dyn.)	712–332
Griechische Zeit (Alexander d. Gr., Ptolemäer)	332–30
Römische Zeit	30 v. Chr.–395 n. Chr.
Byzant. Zeit	395–640 n. Chr.

Statue des Ramses II. im Luxor-Tempel

Szene im Geburtshaus des Dendera-Tempels: Hathor stillt ihren Sohn Ihi

Abydos: Sethos I. mit Sohn Ramses II. vor der Königsliste mit 76 Namen

ließ sich die Pyramide von Hauwara bauen.
Nach 325 Jahren Blüte versank das Land am Nil in der 13. Dynastie im Sumpf schwacher, raffsüchtiger Potentaten. Die Hyksos rollten aus Asien mit Pferd und Streitwagen sowie metallenen Waffen über das Land. Doch nur hundert Jahre dauerte ihr Triumph: Mitte des 15. Jahrhunderts vertrieb Ahmose aus Theben die Eindringlinge und sicherte das Reich aufs Neue.
Unter den Pharaonen der 18. Dynastie wuchs Ägypten im Neuen Reich zur Großmacht heran, unterwarf unter Thutmosis III. Palästina und Syrien und drang bis zum Euphrat vor, wo es das Volk der Mitanni bezwang. Seine größte Ausdehnung erreichte Ägypten unter Thutmosis III., der nach der Pharaonin Hatschepsut den Thron bestieg. Das Gold der tributpflichtigen Länder machte die Metropole Theben zum Zentrum des Wohlstands.

Goldmaske des Tut-ench-Amun

In dieser Epoche um 1400 bauten die Priester ihre Macht aus. Als Amenophis III. Schaltstellen mit Familien aus Memphis besetzte, brachte er den Theben-freundlichen und um die Macht buhlenden Klerus gegen sich auf. Auch Monumentalbauten wie der erste Abschnitt des Luxor-Tempels vermochten die Priester nicht zu befrieden.
Der Streit setzte sich fort, als Amenophis' Sohn, kaum auf dem Thron, mit der Vielgötterei brach und unter seinem neugewählten Namen Echnaton die Regierungsstadt Achet-Aton gründete, deren Bewohner nur einen Gott kannten. Echnatons Frau war Nofretete, deren Büste in Berlin zu sehen ist.
Der Protest gegen die Priesterclique dauerte 18 Jahre. In der Zeit der Ramessiden (ab 19. Dynastie) fand Sethos I. den Kompromiß für Frieden im Lande: Staat und Kirche herrschten gemeinsam, die Weltlichen in Tanis im Delta, die Priester im südlichen Theben.
Eine lange Zeit des Glücks und des Wohlstands folgte den Auseinandersetzungen. Unter den Pharaonen Ramses II., der rund 200 Kinder gezeugt haben soll, seinem 13. Sohn Merentpath, Ramses III. und weiterhin acht Herrschern mit diesem Namen entstanden berühmte Bauwerke: der Felsentempel von Abu Simbel, die Totentempel von Theben-West.
Doch auch der 225 Jahre dauernde Herrschaftsweg der Ramessiden zeigte in der letzten Hälfte Zerfallserscheingungen: Nach einem Friedensvertrag mit den Hethitern mußte Ägypten auf Nordsyrien verzichten, geringere Tribute und ständige Waffengänge gegen Eindringlinge sowie eine ungezügelte Tempel-Bauwut schwächten das Budget des Königshauses. Die Macht der Priester führte zur Ausrufung des Gottesstaates von Amun in Oberägypten.
Die Spätzeit signalisiert das Ende einer mehr als 2000 Jahre währenden, unvergleichlichen Entwicklung von Staat und Religion, Schrift und Literatur, Architektur und Kunst. Das große Land wurde jetzt vorwiegend fremdbeherrscht, was sich bis in unser Jahrhundert fortsetzte: Äthiopische Dynastien kamen an die Macht, unter den Persern wurden viele Kulturdenkmäler zerstört. Im Jahr 332 v. Chr. überließen die einheimischen Herrscher das Land kampflos dem Makedonier Alexander d. Gr.
Unter den Ptolemäern, die sich nach Alexanders Feldherrn Ptolemäos benannten, rückte Ägypten noch einmal in die Weltpolitik. Alexandria wurde zum Zentrum des damaligen Welthandels und der Wissenschaft. Die Ptolemäer adaptieren viele ägyptische Götter und vermischten die griechische und ägyptische Religion. Obwohl Fremde im Lande, sorgten sie für eine 300 Jahre währende Blütezeit, in der Staatstum und Kunst einen hohen Stellenwert hatten. Aus ihrer Zeit stammen die Tempel von Edfu, Philae, Dendera und Kom Ombo.
Auch die Römer sahen sich als wahre Pharaonen-Erben und bauten Tempel im ägyptischen Stil, so den Kiosk auf Philae. Doch wie schon bei den Griechen, hatte das Volk keinen Zugang zu Bildung und Politik. 330 Jahre lang war Ägypten wiederum nur Kornlieferant.
Unter der byzantinischen Herrschaft vergrößerte sich das Leid. Heiligtümer wurden zerstört und die Bewohner des christianisierten Landes verfolgt.
Im Zuge der Vernichtung von Byzanz eroberten Truppen des Kalifen Omar um 640 n. Chr. auch das Land am Nil und machten es zur Provinz ihres Reiches. Verschiedene Dynastien aus islamischen Ländern herrschten danach über Ägypten. 1882 kamen die Engländer; zu Beginn des Ersten Weltkrieges erklärten sie Ägypten zum britischen Protektorat, erkannten 1922 aber seine Unabhängigkeit an.
Erst 1953 wurde nach einem Putsch der »freien Offiziere« unter Gamal abd el-Nasser und Anwar al-Sadat gegen König Faruk die Republik ausgerufen.

Unendliche Existenz ohne Probleme

Jenseits-Vorstellungen

Frömmigkeit und Ethik waren der Rahmen für das Alltagsleben der alten Ägypter. Hinzu kam ein starkes Gefühl der Lebensfreude, das ein Ende des Seins unvorstellbar machte. So entwikkelte sich der Glaube an ein geistiges und materielles Weiterleben nach dem Tode zum wesentlichen Bestandteil ihres Mythos, ihrer Religion. Der Tod als Ende der vergänglichen Welt im Diesseits war lediglich eine Station auf dem Weg zur Wirklichkeit im Totenreich, das sich im »schönen Westen« befand. Als sich die Nomadenstämme in der Jungsteinzeit am fruchtbaren Ufer des Nils ansiedelten, trafen zwei Totenkulte aufeinander: Die Seßhaften glaubten an das Weiterleben der Toten auf Erden, weshalb die Verstorbenen in der Dorfgemeinschaft, manchmal sogar unter dem Boden der Hütte, beerdigt wurden. Die Toten konnten an den Mahlzeiten der Lebenden teilhaben, Grabbeigaben erübrigten sich. Das täglich erneuerte Leben symbolisierte die Lage des Leichnams: Das Gesicht zeigte in Richtung Sonnenaufgang.

Friedhöfe außerhalb der Dörfer, am Rande der Wüste, deuten dagegen auf die Gebräuche von später seßhaft gewordenen Nomaden hin, die für den späteren Glauben der Ägypter richtungweisend wurden. Typisch war die Situation der Toten: Den Kopf nach Süden gerichtet und auf der linken Seite liegend, blickte der Verstorbene nach Westen, in Richtung des untergehenden Gestirns, später der »schöne Westen« genannt. Folglich ist Theben-West, also vor allem das Tal der Könige, das Reich der Toten, während sich die Lebenden am Ostufer des Nils ihre Monumente errichteten.

Die Einsamkeit außerhalb der Gemeinschaft und die Existenz im Jenseits verlangten Grabbeigaben, zusammengestellt nach den persönlichen Bedürfnissen der Verstorbenen. Sie sollten die Annehmlichkeiten des Diesseits fortsetzen und Wünsche erfüllen. Bilder der Alltagswelt stellten – gemalt oder in Stein geritzt – Merkmale des Lebens von Verstorbenen im Diesseits dar. Fester Bestandteil von Grabbeigaben war auch religiöses Schriftgut.

Zunächst genügten Tongefäße mit Nahrungsmitteln und ein wenig Schmuck. Mit einer Vertiefung des materiellen Jenseits-Glaubens und wachsendem Wohlstand wuchs auch der Anspruch auf reichere Ausstattung der Gräber, was wiederum zu einer Vergrößerung der Grabstätten führen mußte. Der Zwang zur Größe erreichte seinen Höhepunkt in der Zeit um 2400 v. Chr. mit den gigantischen Pyramiden der Könige. Die drei größten stehen in Gizeh: die ab 2551 gebaute Cheops-Pyramide, die vom Sphinx »bewachte« Pyramide des Pharaos Chephren und die kleinste, doch immer noch 62 Meter hohe Mykerinos-Pyramide.

Mit dem Beginn der Frühzeit entstand ein Totenkult, der über Jahrtausende Bestand zeigte und teilweise noch heute in den großen Religionen weiterwirkt. Nach altägyptischer Vorstellung bestand der Mensch aus Körper, Ka und Ba. Ka ist die Lebenskraft und wird in Hieroglyphen in Form zweier zum Beten erhobener Arme dargestellt. Ba dagegen, dargestellt als Vogelgestalt mit menschlichen Füßen und Kopf, ist eine Art Seele, die sich nach dem Tod vom Leichnam trennt. Hinzu kommt noch das Ach, also der unsterbliche Teil des Menschen und damit sein Zustand im Jenseits.

Diese Bestandteile des Menschen lösen sich nach alt-ägyptischem Glauben beim Tod voneinander. Ziel und Wunsch des Ägypters war es, alle Elemente gut zu erhalten, damit sie im Westen wieder vereint werden konnten. Der Körper wurde zu diesem Zweck aufwendig mumifiziert, die Eingeweide wurden in Kanopen aufbewahrt und ins »Haus der Ewigkeit« gebracht. Bei Unbemittelten dauerte diese Prozedur nur wenige Stunden; bei Wohlhabenden waren die Arbeiter bis zu zwei Monate beschäftigt, um die Hirnschale zu entleeren, die Gedärme zu entfernen und den Körper zu reinigen. Nur Herz und Nieren beließ man dort; das Herz galt als Zentrum von Gemüt und Denken. Der Ka erhielt am Grab regelmäßig Speisen und Getränke, während sich der Ba mit Wasser in Form einer gefüllten Schale oder eines Teichs begnügte.

Ein bedeutsamer Teil der Totenzeremonie nach der Mumifizierung war die »Mundöffnung«. Mit einem Dächsel und einer Gabel berührten Priester dabei alle Kopföffnungen des einbalsamierten Leichnams. Durch diese Handlung sollten dem Toten neue Lebenskräfte gegeben werden; er sollte in die Lage versetzt werden, im Jenseits zu

Das Grab des Senodjem (Nr. 1) in Der el-Medina: Bitte um reiche Ernte im Jenseits

Tempel von Abydos: Opfergabe des Königs

sprechen, zu hören und seine Organe zu benutzen. Damit waren die Voraussetzungen geschaffen, daß Körper, Ka und Ba zusammenkommen konnten.
Doch vor der Aufnahme ins Jenseits stand die Prüfung durch das Totengericht: Richter war nach den Glaubensvorstellungen Osiris, der zusammen mit Isis und Horus die göttliche Familie bildete; der schakalköpfige Totengott Anubis geleitete den Prüfling zur Waage, auf der die Sündenlast des Herzens, des Gewissens, gewogen wurde; Gegengewicht war die Feder, Symbol von Maat, der Göttin für Recht, Ordnung und Wahrheit. Gott Thoth notierte das Ergebnis, das über Weiterleben oder Verdammnis entschied.
In den Totenbüchern, die seit der 18. Dynastie als Papyrusrolle den Toten mit auf den Weg gegeben wurden, steht das negative Sündenbekenntnis: Aufgeführt waren alle Sünden, die der Mensch zu Lebzeiten *nicht* begangen hat. Die wichtigsten sittlichen Pflichten waren: treue Pflichterfüllung, Bescheidenheit, keine Gier und Habsucht, Liebe und Ehre gegenüber den Eltern, Liebenswürdigkeit gegenüber den Geschwistern und den Nächsten, kein Amtsmißbrauch, Hilfe für Schwächere, Hungrige, Nackte, Witwen und Waisen sowie keine Traurigkeit zu stiften.
Doch wenn das Herz schwer wog, das Zünglein an der Waage sich zur falschen Seite neigte, wartete schon

Grab Ramses III., Tal der Könige: Die Barke des Sonnengottes durchfährt die Nacht

Amenuit, das Untier mit Krokodilsrachen, Löwenleib und dem Hinterteil eines Nilpferds. Die Apokalypse mit allen aus dem Neuen Testament bekannten Qualen drohte. Der Sündige wurde zur anonymen Schöpfungsmasse, aus der neues Leben entsteht, doch nicht mehr mit dem ursprünglichen Ka und Ba des bestraften Sünders.
Die Glücklichen und Frommen hingegen wurden von Horus, dem »Rächer seines Vaters« Osiris, begleitet. Osiris war nach der Überlieferung von seinem Bruder Seth ermordet und duch die Liebe seiner Gattin Isis wieder zum Leben erweckt worden. Sie zeugten Horus, welcher fortan als Herrscher über Ägypten regierte, während sein Vater Osiris über das Totenreich gebot.
In und mit Osiris erhoffte sich jeder Ägypter das ewige Leben. Das jenseitige Leben sollte dem vorherigen ähneln. Also wurden bis ins Mittlere Reich »Dienerfiguren« in das Grab gegeben: Bäcker, kräftige Schlächter mit fetten Ochsen, fleißige Weber und den Sud anrichtende Brauer. Für den Fall, daß der Verstorbene selbst arbeiten mußte, übernahmen ab dem Mittleren Reich kleine Fayencefiguren, die Uschebtis (Antwortende), die Aufgabe des Dienens: Oft in Mumienform, mit Hacke und Korb auf dem Rücken, antworteten sie auf den Ruf zur Arbeit und verrichteten diese anstelle ihres Herrn.
Da der Verstorbene auf seine Lebenskraft angewiesen war, wurde für das Grab eine Ka-Statue geschaffen, die in einer Statuenkammer (Serdab) aufgestellt wurde. Sie verlieh dem Toten Lebenskraft und Gesundheit.
Die Lebenden beteten und opferten treu für die Toten. Das geschah auch aus Eigennutz, denn die Nachfahren hatten Angst, der Unzufriedene könne aus der Ewigkeit in sein Haus zurückkehren und die Säumigen quälen.
In der Spätzeit verflachten diese Bräuche. Allmählich genügte es, lediglich an den Toten zu denken und seinen Namen auszusprechen.

Umgang des Edfu-Tempels: Horus bekämpft das Böse in Gestalt eines Nilpferds

Die Erforschung der Schriftzeichen

Hieroglyphen

Die Sprache der alten Ägypter gehörte zum semitisch-hamitischen Sprachkreis, ist also verwandt mit dem Äthiopischen, Aramäischen, Südarabischen und Kanaanäischen, so wie diese Sprachen damals in Nordafrika und Südwestasien gesprochen wurden. Die Schrift entwickelte sich mit Beginn des ersten ägyptischen Staatenbundes unter König Menes, also um 3000 v. Chr. Die Gründung eines funktionierenden Staates, der mit seinen Nachbarn Handel trieb, in dem Religion und Kultur aufblühten und gepflegt wurden, machte die Entwicklung von Schriftzeichen notwendig.
Schon zur Zeit von König Narmer (3100 v. Chr.), dem letzten Pharao der vordynastischen Epoche, hatte es erste Versuche gegeben, mit Hieroglyphen den Namen des Herrschers festzuhalten: In Ermangelung von Buchstaben nahm der Künstler zwei Bilder, und zwar einen Fisch (nar) und einen Meißel (mer), und setzte daraus den Namen zusammen: Narmer.
Diese Bilderschrift entwickelte sich früh schon zu einer Art Silbenschrift, mit der jedes beliebige Wort geschrieben werden konnte. Zur Verdeutlichung der Wortbedeutung wurde hinter das betreffende Wort ein Determinativ gesetzt, das als Deutzeichen den Sinn des Wortes näher bestimmte. nfr oder ne-fe-r stand beispielsweise für schön oder gut (Abb. 1). Mit dem Deutzeichen »sitzende Frau« hinter dem Wort konnte die Bedeutung auf »schöne Frau« (Abb. 2) eingeengt werden.
Die aus Bildern bestehende Hieroglyphenschrift war eine Art Druckschrift, die seit ihrem Beginn um 3000 v. Chr. bis ins 5. nachchristliche Jahrhundert hinein zur Beschriftung von offiziellen und religiösen Denkmälern verwendet wurde. Neben dieser Hieroglyphenschrift wurde für den alltäglichen Gebrauch bereits früh eine Schreibschrift entwickelt, die sich leichter auf Papyrus schreiben ließ. Durch schnelles Schreiben ging in dieser »Hieratisch« genannten Buchschrift die Gegenständlichkeit der Bilder »verloren«.
Noch fließender wurden die Zeichen in der ägyptischen Spätzeit. Durch weiteres Vereinfachen der hieratischen Schrift kam seit etwa 700 v. Chr. die demotische Schrift in Gebrauch, die zunächst fast ausschließlich in der Verwaltung, dann aber allgemein verwendet wurde. Diese Schrift sollte neben der bis ins 5. nachchristliche Jahrhundert geschriebenen Hieroglyphenschrift und der nunmehr für religiöse Texte bevorzugten hieratischen Schrift die eigentliche Volksschrift werden.
Im Verlauf der Christianisierung Ägyptens entschieden sich die ägyptischen Christen, die Kopten, für die griechische Schrift. Sie schrieben ihre christlichen Texte zwar in der einheimischen ägyptischen Sprache auf, verwendeten dazu aber nicht die heidnische demotische Schrift, sondern das auch von Christen in anderen Ländern gebrauchte griechische Alphabet. Da aber nicht alle ägyptischen Laute im Griechischen verfügbar waren, übernahmen sie einzelne Sonderzeichen aus dem Demotischen. Gut zu sehen ist dies am koptischen Buchstaben fei, der sich aus dem Hieroglyphenbild der Hornviper ableitet und aus dem Hieroglyphischen über das Hieratische und Demotische in die koptische Schrift übernommen wurde (Abb. 7 von links nach rechts: hieroglyphisch, hieratisch, demotisch, koptisch). Diese ab etwa 300 n. Chr. gebräuchliche Schrift der Kopten wurde zunächst für christliche Texte, später dann auch für Verwaltungs- und Wirtschaftstexte

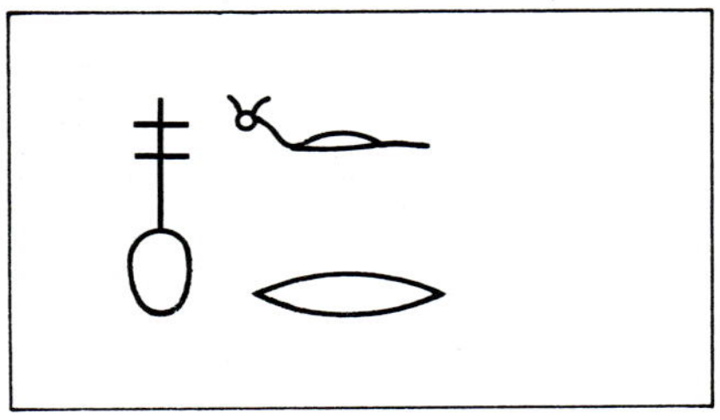

Abb. 1

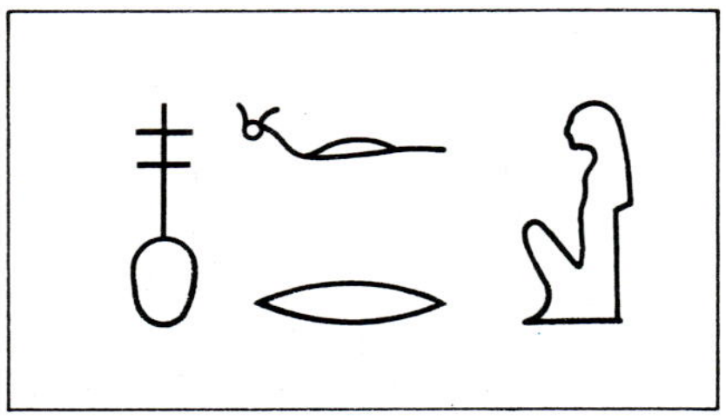

Abb. 2

Hieroglyphen im Tempel von Kom Ombo

verwendet. Das Koptische hat seine Bedeutung als Kirchensprache bis in die Gegenwart erhalten.
Mit den Hieroglyphen wurde das erste Alphabet mit 24 Buchstaben erfunden. Vokale wurden nicht geschrieben. Hätten die Ägypter nur diese 24 Buchstaben verwendet, wäre die Entzifferung der altägyptischen Schriftzeichen eigentlich einfach gewesen. Doch verkomplizierte sich das Schriftsystem in seiner mehrtausendjährigen Entwicklung. Neue Zeichen wurden erfunden, aber alte Zeichen durch die neuen nicht ersetzt. So entstanden mehr als 1000 Silbenzeichen, die mit den alten Symbolen immer neue Verbindungen eingingen. Zur genauen Bestimmung der Worte waren daher Determinative erforderlich, die hinter den Worten stehen und die Wortbedeutung einengen.
Viele Ägyptologen versuchten sich vergeblich an der Übersetzung der komplizierten Hieroglyphen. Immerhin gelang dem Jesuiten Athanasius Kircher (1601–1680) der Nachweis, daß das Koptische aus dem Altägyptischen entstanden war und das Hieratische die Kursivschrift der Hieroglyphen darstellte. Doch erst 100 Jahre später kam ein französischer Wissenschaftler dem Rätsel der ägyptischen Schrift ein großes Stück näher.
Als im Jahre 1801 ein napoleonischer Offizier bei Rosetta (Rashid) im Nildelta einen Stein mit geheimnisvollen Schriftzeichen entdeckte, war der Franzose Jean François Champollion (1790–1832) gerade elf Jahre alt. Er hörte von dem Fund, nahm sich vor, den »Stein von Rosetta« zu entziffern und studierte zielbewußt alle Sprachen, die

ihn dem Ägypten der Pharaonen näherbringen konnten, darunter auch das Koptische.

Die schwarze Granittafel aus Rosetta enthält drei Texte: einen in Griechisch, einen demotischen und 14 Zeilen in Hieroglyphen. Aus dem Griechischen ergibt sich der Inhalt: Priester aus Memphis bedanken sich bei Ptolemäus V. (196 v. Chr.) »für die Geschenke in Form von Geld und Korn, für den Nachlaß der Hälfte der Steuerschulden, für die Befreiung von allen anderen Schulden ...«.

Champollion nahm an, daß es sich in allen drei Fällen um denselben Inhalt handeln mußte. Er unterstellte ferner,

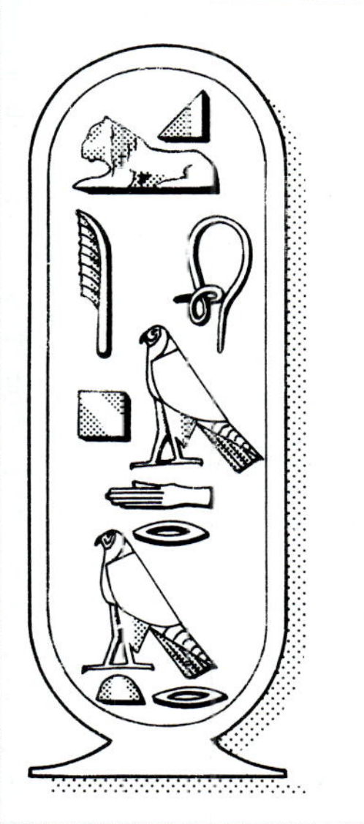

Abb. 3

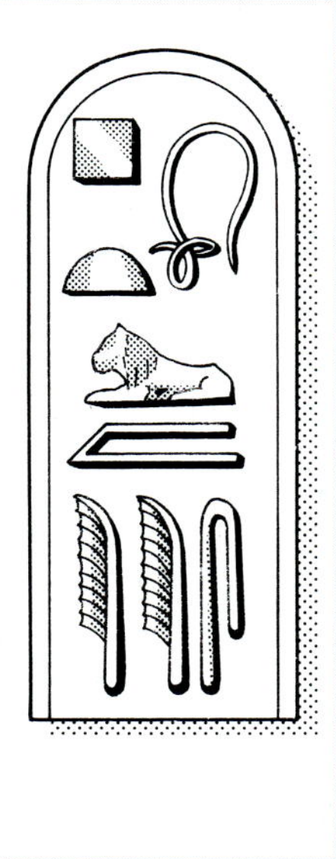

Abb. 4

daß es sich bei den Zeichen der alten Ägypter um eine Lautschrift handelte und mutmaßte außerdem, daß die von einem Oval eingerahmten Begriffe (Kartusche) die Namen von Pharaonen bildeten. Gleiche Zeichen für bestimmte Laute deutete Champollion als Homophone – ähnlich wie die in der deutschen Sprache bekannten Gleichlaute f und ph.

Vom Griechischen über das Demotische folgend, fand der Ägyptologe in einer Kartusche den Namen Ptolemäus; lesen konnte er jedoch nur die Buchstaben P, L, E und S (Abb. 4). Auf einem Papyrus fand er eine Weile später endlich den lange gesuchten Namen der berühmten Kleopatra, allerdings in Demotisch; Champollion schrieb ihn um in die hieroglyphische Schrift. Doch immer noch fehlt der sichere Beweis.

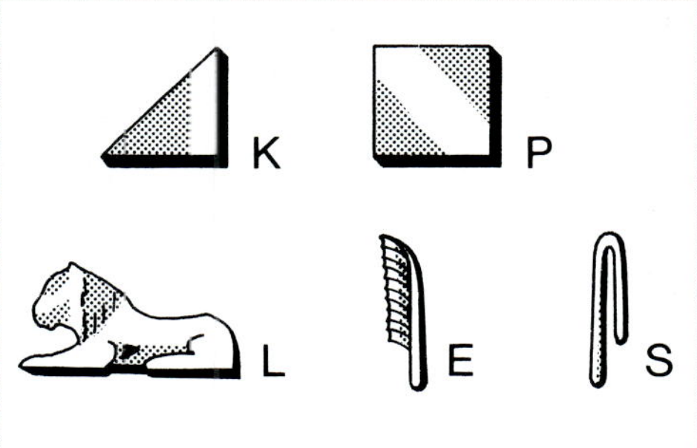

Abb. 5

Im Jahr 1822, also 21 Jahre nach dem Fund des Steins von Rosetta, wurde in Philae endlich ein Obelisk mit Hieroglyphen entdeckt. Champollion, längst Professor, erhielt eine Abschrift und entdeckte im mittleren Oval den Namen Kleopatra, so wie er ihn theoretisch bereits entwickelt hatte (Abb. 3). Champollion wußte, daß das erste Zeichen (Dreieck) nur ein K sein konnte. Wenn der Löwe in Ptolemäus wirklich ein L war, mußten die zweite Hieroglyphe bei Kleopatra ein Löwe sowie das vierte (Schlinge) und fünfte (Quadrat) Zeichen

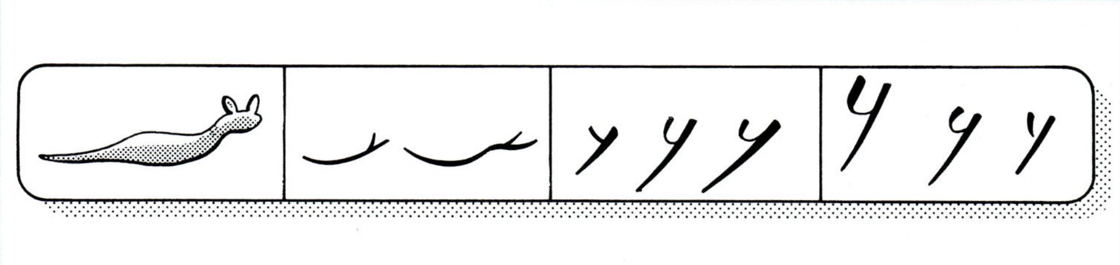

Abb. 7

mit dem dritten und ersten in Ptolemäus identisch sein. Champollion konnte jubeln, denn zu seinen vier schon entzifferten Buchstaben kamen nun auch noch das K und das P hinzu (Abb. 5).

Neue Zweifel tauchten auf: Wurden auch ägyptische Namen in lautlicher Darstellung geschrieben? Schließlich waren die Herrscher, deren Namen lesbar waren, nicht ägyptisch. 1822 erhielt Champollion eine Abschrift der vier Jahre vorher im Osiris-Tempel in Abydos gefundenen Königstafel. Diese be-

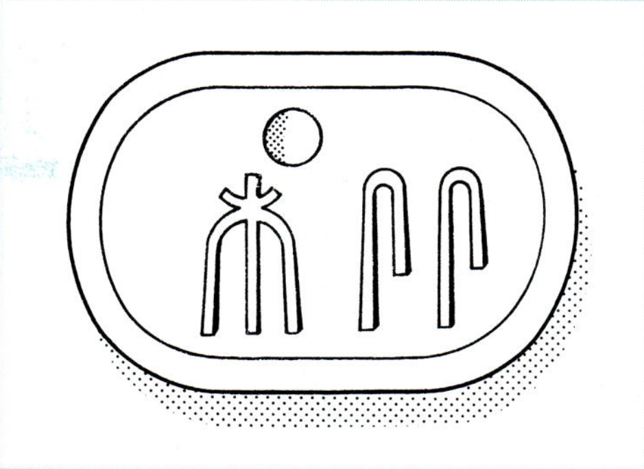

Abb. 6

deutende Liste hatte Ramses II. in Stein meißeln lassen, weshalb feststand, daß die letzte Kartusche den Namen des großen Ramses enthalten mußte.

Sofort erkannte Champollion ein doppeltes S (Buchstabe S s. Abb. 6), das zusammen mit einem m-ähnlichen Zeichen die Silbe mes bedeuten konnte, in lateinischer Schrift mise oder mese, was übersetzt gebären oder erzeugen bedeutet. Ferner war bekannt, daß die über dem Wort gemeißelte Sonnenscheibe für den Sonnengott Re oder Ra stand. Also las der glückliche Forscher Ramise oder Rameses, der »vom Sonnengott der Welt Gegebene«.

Seine Kenntnisse des Koptischen und die Rückverfolgung der koptischen Sprache zum Altägyptischen halfen Champollion in seinen Sprachforschungen weiter. Der Franzose wies auch nach, wie sich aus der Schriftsprache der alten Ägypter im Laufe der Jahrhunderte das Koptische entwickelte.

Stets wiederkehrende Symbole: Viper (f), Wasser (n), Arm (e), Brot (t)

Allgemeine Reise-Informationen

Die Arabische Republik Ägypten ist mit einer Million Quadratkilometern Fläche, davon 59 000 in Asien, fast dreimal größer als Deutschland. Die präsidiale Republik erstreckt sich von Nord nach Süd zwischen dem 32. und dem 22. nördlichen Breitengrad (knapp unter dem nördlichen Wendekreis) auf rund 1025 Kilometer Länge und ist in Ost-West-Richtung etwa 1240 Kilometer breit. Die Küstenlinie am Mittelmeer beträgt 900 Kilometer, die des Roten Meeres etwa 1000 Kilometer; hinzu kommen die Golfe von Suez und von Akaba auf beiden Seiten der Halbinsel Sinai. Im Osten grenzt Ägypten an Israel, im Westen an Libyen und im Süden an den Sudan.

Die längste Flußoase der Welt, das Niltal, durchzieht das ganze Land von Süd nach Nord. Neben den wenigen Oasen in der Libyschen Wüste (Faijum und das New Valley mit Kharga, Dakhla, Farafra und Bahariya sowie weiter nordwestlich die Oase Siwa) ist nur dieser schmale Streifen landwirtschaftlich nutzbar, etwa 3,6 Prozent der Landesfläche. Mehr als 96 Prozent des Landes bestehen aus Wüste. Da das Flußtal nur zwischen einem und 25 Kilometer breit ist, trägt das 22 000 Quadratkilometer große Nildelta die Hauptlast der Agrarproduktion.

Das 60-Millionen-Volk der Ägypter wächst jährlich um zwei Prozent. Statistisch leben auf jedem Quadratkilometer nur 58 Menschen, doch diese Zahl täuscht: 50 Millionen drängen sich auf den nur 36 000 Quadratkilometern Kulturland, also rund 1400 Menschen je Quadratkilometer. Etwa 45 Prozent der Bevölkerung leben in Städten. Neue Siedlungen entstehen am westlichen Rand des Nildeltas und – vor allem aus touristischen Gründen – am Roten Meer (Hurghada), wo auch Industrieansiedlungen geplant sind.

Die Ägypter sind zum überwiegenden Teil arabisierte Hamiten, 50 000 bis 80 000 sind arabische Beduinen. Im Süden leben zudem Nubier, Minderheiten von Berbern und Sudanesen. Alexandria hat einen ziemlich großen griechischen und italienischen Bevölkerungsanteil.

4,5 Millionen Ägypter lebten bisher als Gastarbeiter in den reicheren arabischen Ländern. Nach dem Golfkrieg 1991 und nach Auseinandersetzungen mit Libyen mußten viele von dort ohne Hab und Gut in ihre Heimat zurückkehren, erhöhten die Arbeitslosenquote auf mehr als 20 Prozent. Einige arbeiten als Saisonarbeiter, beispielsweise auf Zypern.

Die Staatssprache ist Arabisch, Staatsreligion der Islam. Hinzu kommen offiziell 6,8 Prozent koptische Christen (die Angaben schwanken und sind wahrscheinlich zu niedrig angesetzt), außerdem griechisch-orthodoxe, katholische und protestantische Minderheiten sowie nicht genau erfaßte Juden. Die Religionen werden weitgehend toleriert.

43 Prozent der Ägypter leben von der Landwirtschaft, die 18 Prozent des Bruttosozialproduktes ausmacht. Wichtigste Anbauprodukte sind Baumwolle, Mais, Weizen, Reis, Zuckerrohr, Zwiebeln, Hirse, Bohnen und Gerste. Für die Selbstversorgung des Landes mit Agrarprodukten reicht die produzierte Menge aber nicht aus, weshalb rund die Hälfte des Bedarfes eingeführt werden muß.

Adressen

Ägyptisches Fremdenverkehrsamt, Kaiserstraße 64 a, 60329 Frankfurt / Main, Telefon 069 / 25 23 19 und 25 21 53. Diplomatische Vertretungen: Ägyptische Botschaft, Kronprinzenstraße 2, 53173 Bonn, Telefon 02 28 / 95 68 30. Konsulate: Eysseneckstraße 34, 60322 Frankfurt / Main, Telefon 069 / 59 05 57-58; Harvestehuder Weg 50, 20149 Hamburg, Telefon 040 / 4 10 10 31-32; Südstraße 135, 53175 Bonn, Telefon 02 28 / 95 12 70; Waldstraße 15, 13156 Berlin, Telefon 030 / 4 77 10 48.

Informationen in Ägypten: Tourist Information Office in Kairo, Sharia Adly 5, Telefon 3 91 34 54, geöffnet von 9 bis 14 Uhr; Büro am Hauptbahnhof, Telefon 76 42 14, geöffnet von 9–18 Uhr, am Internationalen Flughafen von Kairo, Terminal 1, Telefon 2 91 42 45, geöffnet von 8–16 Uhr; Terminal 2, Telefon 2 91 42 77, geöffnet von 8–18 Uhr. Touristenpolizei: in Kairo: Telefon 3 92 02 70, in Luxor: Telefon 37 66 37, in Assuan: Telefon 30 31 63.

Weitere Informationsbüros: Alexandria, Midan Saad Saghlul, Telefon 807611, am Flughafen Telefon 4 20 20 21, am Hafen Telefon 4 92 59 86. Port Said, Sharia Palestine 8, Telefon 22 38 68. Hurghada, Sharia Al Muhafsa, Telefon 44 05 13. Marsa Matruh, Tel. 3 94 31 92. Suez, Kulturpalast, Tel. 22 1141. Luxor Tourist Basar, Telefon 38 22 15. Assuan Tourist Basar, Telefon 32 32 97.

Diplomatische Vertretungen in Ägypten: Botschaft der Bundesrepublik Deutschland, Sharia Hassan Sabri 8 b, Zamalek, Kairo, Telefon 3 41 00 15. Wichtige Telefonnummern in Kairo: Erste Hilfe 123, Polizei 122, Feuer 125.

Anreise

Chartergesellschaften fliegen regelmäßig nach Kairo, Hurghada und Sharm el-Sheikh, mit Zwischenstopp in Kairo auch nach Luxor und Assuan. Egypt Air fliegt täglich außer Mittwoch von Frankfurt nach Kairo, wöchentlich 3 x ab München, 2 x ab Düsseldorf und 3 x ab Berlin.

REISEDATEN ÄGYPTEN

Flug von Deutschland	Inlandsverkehr	Reisepapiere	Devisen	Mietwagen	Benzin	Hotel	Einfach-Hotel	Menü	Einfaches Essen	Ortszeit	Oase Siwa
ab 650 DM zzgl. Steuern	Flug Kairo – Luxor z.B. ca. 150 DM	Reisepaß und Visum	1 DM = ca. 2,2 Ägyptische Pfund (Jan. 1997)	Zwischen 50 und 100 DM pro Tag (mit Fahrer)	1 Liter ca. 0,50 DM	DZ in Zwei- oder Drei-Sterne-Hotel ab 30 DM	DZ schon ab 10 DM	3-Gänge-Menü ab 10 DM	typisches Gericht, z.B. Koschery ab 1 bis 2 DM	MEZ +1 Stunde	Ganz im Westen, 1000 Jahre isoliert – Besuch mit Genehmigung

Abflüge gibt es auch ab Genf, Zürich und Bern. Hurghada direkt gibt es bei Egypt Air 2 x wöchentlich ab Frankfurt und München, 1 x ab Düsseldorf und Berlin, jeweils mit Weiterflug nach Luxor bzw. Sharm-el-Sheikh. Shorouk Air fliegt 3 x wöchentlich ab Nürnberg, Stuttgart, Frankfurt, Berlin und Düsseldorf nach Hurghada, die Maschinen ab Stuttgart und Düsseldorf mit Weiterflug nach Luxor. Die Lufthansa fliegt täglich einmal nach Kairo, 2 x wöchentlich nach Alexandria.

Einreise

Der Reisepaß muß bei der Einreise in Ägypten noch mindestens ein halbes Jahr gültig sein. Deutsche, Österreicher und Schweizer benötigen ein Einreisevisum, das man bei der ägyptischen Botschaft oder den Konsulaten erhält oder aber, viel einfacher und billiger, am Ankunftsflughafen.
Einige Veranstalter von Ägypten-Reisen haben einen lobenswerten Service eingerichtet: Ägyptische Beamte fertigen die Passagiere bereits vor der Landung im Flugzeug ab.
Spätestens 72 Stunden nach der Einreise, den Anreisetag nicht mitgerechnet, muß man sich bei der Paßbehörde melden, da es sonst bei der Ausreise Schwierigkeiten gibt. Hotels erledigen diesen Gang für ihre Gäste, aber Nachfragen ist besser.
Die Einfuhr fremder Währung ist unbegrenzt erlaubt. Der früher noch übliche Mindestumtausch entfällt. Nicht verbrauchte ausländische Zahlungsmittel können problemlos wieder ausgeführt werden und müssen nicht in der Zollerklärung angegeben werden, wenn ihr Wert nicht höher als umgerechnet 5000 US-Dollar liegt. Ägyptische Noten und Münzen dagegen dürfen nur bis zu einer Höhe von 20 LE (Ägyptische Pfund) ein- und ausgeführt werden.
Die Zollerklärung D muß bei der Einreise in doppelter Ausfertigung ausgefüllt werden, der Durchschlag ist dabei für die Reisenden. Darauf ist gut zu achten, denn bei der Ausreise muß der Schein vorgelegt werden. Nur dann dürfen persönliche Wertsachen, die darin eingetragen sind, wieder ausgeführt werden: Kameras, Videogeräte, Sportausrüstungen, Schmuck.
Aus Ägypten darf man zusätzlich Souvenirs im Gesamtwert von 150 LE ausführen, Antiquitäten allerdings nur mit schriftlicher Exportgenehmigung des Ägyptischen Museums (im Verkaufsraum erhältlich).

Elektrizität

Die Netzspannung ist im Land nicht einheitlich: In Kairo liegt sie bei 220 Volt, in Alexandria bei 115, in Ismailiya hingegen bei 200 Volt, auf dem Land auch zwischen 110 und 180 Volt. Für die meisten Hotels gelten 220, für einige auch 110 Volt. Ein Euronormstecker (Adapter) ist wichtig.

Rund 170 Kreuzfahrtschiffe verkehren auf dem Nil zwischen Luxor und Assuan

Feiertage und Feste

In Ägypten gilt eine doppelte Zeitrechnung: nach dem Gregorianischen Kalender wie bei uns und nach dem islamischen Mondjahr, beginnend im Jahre 622 nach Christus. So wechseln die islamischen Feiertage im Laufe des gregorianischen Jahres ständig ihre Termine: das Frühlingsfest nach unserer Osterwoche, das dreitägige Bairam-Fest zum Abschluß des Fastenmonats Ramadan (1997 ab 10. Januar, 1998 ab 1. Januar, 1999 ab 21. Dezember); Feiern des Kamelopfers (1997 am 17. April, 1998 am 6. April, 1999 am 26. März) oder der Geburtstag des Propheten (1997 am 18. Juni, 1998 am 7. Juli, 1999 am 30. Juni). Offizielle Feiertage sind die islamischen, während die christlichen, jüdischen und weiteren Feiertage nur von diesen Minderheiten eingehalten werden.
Am 7. Januar feiern die Kopten offiziell und mit großer Messe in ihrer neuen Kathedrale in Kairo die Geburt Christi, das koptische Weihnachten.
Offizielle Feiertage: Am Neujahrstag (1. Januar) sind die Banken im allgemeinen geschlossen. Am 22. Februar wird landesweit der Tag der Einheit begangen, am 8. März der Tag der Revolution, am 1. Mai der Tag der Arbeit, am 18. Juni der Tag der Republik, am 23. Juli der Nationalfeiertag zur Revolution des 23. bis 26. Juli 1952 (Offiziersstaatsstreich gegen König Faruk), am 1. September der Tag der Septemberrevolution, am 6. Oktober der Tag der Oktobersiege, am 24. Oktober der Suez-Tag und am 23. Dezember der Tag des Sieges. Viele dieser Staatsfeiertage werden mit militärischen Paraden begangen.

Fotografieren

Ägypten ist kein leichtes Land für Hobbyfotografen: Militärische- und Versorgungs-Anlagen, Brücken, Bahnhöfe, Flughäfen, Häfen und Grenzposten dürfen nie fotografiert werden – das kann den Film kosten und sogar Haft bedeuten.
Vorsicht beim Fotografieren von vermummten Frauen, Bettlern und allgemein von Straßenszenen: Aus religiösen Gründen kann auch das Ärger geben, denn nach dem islamischen Glauben dürfen Menschen nicht abgebildet werden. Bei allen Aufnahmen von Menschen ist Taktgefühl angebracht. Wer das Gespräch sucht, erhält häufig die Erlaubnis für ein Foto. In Moscheen darf außerhalb des Gottesdienstes normalerweise

Alle Gewürze des Orients gibt es frisch und preiswert in den Basars

fotografiert werden. Anders in Museen und Grabanlagen, in denen vielfach für einzelne Objekte hohe Gebühren bezahlt werden müssen. Videogeräte darf man meistens nicht in die Anlagen mitnehmen. Es ist ratsam, Filme in ausreichender Zahl bereits zu Hause zu kaufen, da sie in Ägypten teurer sind und in vielen Fällen falsch gelagert werden. Nicht vergessen sollte man eine Taschenlampe, um Details in Tempeln und Gräbern ausleuchten und die Kamera im Dunkeln einstellen zu können.

Fremdenführer

Gute Fremdenführer zu finden, ist leider Glückssache. Pauschaltouristen werden von deutschsprachigen Führern begleitet, die meist fundierte Landeskenntnis besitzen. Sie sind aber verpflichtet, bei den Sehenswürdigkeiten einheimische Kollegen zu akzeptieren. Deren Sprachkenntnisse sind zwar unterschiedlich, doch die speziellen Veranstalter haben inzwischen die besten staatlich lizensierten Guides engagiert. Die großen Hotels vermitteln ihren Gästen meist zuverlässige Fremdenführer, mit denen Dauer der Besichtigung und Tarif (Richtwerte erfragen) vorab auszuhandeln ist. In der Sharia Adly 5 in Kairo findet man neben der Touristeninformation die offizielle Vermittlung von Fremdenführern.

Geld

Die ägyptische Währung heißt Ägyptisches Pfund (LE = Livre Egyptienne), unterteilt in 100 Piaster (PT). Im Umlauf sind Banknoten zu 100, 20, zehn, fünf und einem LE sowie 25- und 50-Piaster-Scheine (manchmal noch zehn und fünf Piaster) sowie Münzen zu zehn, fünf, einem und einem halben Piaster. Ein Ägyptisches Pfund kostet etwa 0,45 DM (Stand 1997). Geldumtausch ist bei den Banken und in den meisten größeren Hotels möglich.

Die Umwechselbelege sollten aufbewahrt werden für den eventuellen Rücktausch zuviel gewechselter ägyptischer Währung. Euroschecks müssen auf DM lauten, in den wichtigsten Touristenzentren und bei Banken in Kairo werden sie gegen Vorlage des Reisepasses eingelöst.

Kreditkarten wie Visa, Eurocard, American Express, Diners Club und Master werden in Hotels der gehobenen Kategorie, in größeren Läden – auch im Bazar von Kairo – und von internationalen Mietwagenunternehmen akzeptiert. In Kairo, Luxor, Assuan und in den größeren Urlaubszentren rund um das Rote Meer dürfte es damit keine Schwierigkeiten geben.

Individualisten, die gerne abseits der großen Route reisen möchten, sollten sich auf keine Experimente einlassen: Dort zählen nur einheimische Scheine. Wichtig ist es, stets ein paar fünf-LE-Banknoten bei sich zu haben, weil größere Scheine auf den Märkten, aber auch von den Taxifahrern erfahrungsgemäß häufig nicht gewechselt werden können. Es ist außerdem immer ratsam, keine größeren Bargeldbeträge bei sich zu haben. In der Regel verfügen alle Hotels und Hotelschiffe über Safes.

Geschäftszeiten

Der islamische und daher allgemeine wöchentliche Ruhetag ist der Freitag, für die Christen der Sonntag und für die Juden der Samstag.

Gewöhnliche Läden sind von 9 bis 13 und von 17 Uhr an geöffnet. Einen festgelegten Ladenschluß gibt es kaum, viele Geschäfte schließen erst um Mitternacht – mit Ausnahme des Basars von Kairo: Dort ist schon zwischen 18 und 19 Uhr Schluß.

Die Banken schließen bereits um 13 Uhr und bleiben auch samstags meist geschlossen, mit Ausnahme der Zweigstellen an den Flughäfen und in großen Hotels: Die Misr-Bank im Nile Hilton und im Cairo Sheraton hat ihre Schalter beispielsweise rund um die Uhr geöffnet. Apotheken bedienen täglich außer freitags von 9 bis 18 Uhr, in Kairo haben einige darüberhinaus aber auch einen 24-Stunden-Service.

Gesundheit

Nur aus infizierten Gebieten kommende Touristen benötigen noch den Nachweis einer Gelbfieberimpfung, jedoch ist es sinnvoll, sich vor der Ägyptenreise gegen Tetanus impfen zu lassen.

Klimaanlagen in Bussen, Hotels und auf Nilschiffen können Erkältungen auslösen, weshalb leichte Jacke oder Pullover ins Reisegepäck gehören.

In den großen Hotels wird die Hygiene beachtet, doch anderswo können Leitungswasser, ungeschältes Obst, Gemüse und Salat sowie Rohmilch Darmerkrankungen oder Durchfall auslösen. Wobei ein Durchfall noch das kleinere Übel ist.

Tanta im Delta ist die Süßwaren-Stadt

Deshalb nur Wasser aus Flaschen trinken, Salate und ungeschältes Obst meiden und gekochten, gebratenen oder gegrillten Speisen den Vorzug geben. Im Fall einer Durchfallerkrankung viel trinken und den hohen Salzverlust ausgleichen.
Auch vor Sonnenbrand müssen sich Mitteleuropäer schützen: mit Kopfbedeckung, luftiger, geschlossener Kleidung, beim Sonnenbaden durch Cremes mit hohem Lichtschutzfaktor und eine gute Sonnenbrille.
Die Bilharziose, das Schneckenfieber, wird beim Baden in stehenden Gewässern durch Larven von Saugwürmern übertragen. Nicht nur vom Nil, sondern auch vom Nasser-See sollte man sich deshalb fernhalten. Übertragbar ist die typische ägyptische Augenkrankheit Trachoma; deshalb Kontakt zu erkrankten Menschen meiden, Ansteckungsgefahr auch durch verliehene Kameras oder Ferngläser.
Bei der Zusammenstellung der Reiseapotheke sind Ärzte/Apotheker behilflich. Standards: Medikamente gegen Fieber, Durchfall und Erkältung, Insekten- und Sonnenschutzmittel, Verbandszeug und Heftpflaster, steriles Spritzenbesteck. In den Apotheken findet man im Notfall einige der meistverbreiteten internationalen Medikamente.
Wer einen Arzt benötigt, sollte ihn über das Hotel kommen lassen. Meistens sprechen die Mediziner Englisch, selten Deutsch. Die Honorare sind direkt zu zahlen, auf eine in lateinischer Schrift ausgestellte Rechnung ist zu achten.
Einige Krankenhäuser in Kairo unterhalten 24-Stunden-Notdienste, Auskunft erteilen die Hotels. Hilfe erfährt man im Anglo American Hospital am Cairo Tower und im deutschen Missionshaus mit deutschen Ärzten in Assuan. Pflichtversicherte sollten eine kurzfristige Auslands-Krankenversicherung abschließen.

Kleidung

Saugfähige, atmungsaktive Baumwollstoffe sind ideal für das feuchtheiße Klima im Niltal. Kopfbedeckung und Sonnenbrille sind bei Besichtigungstouren so unerläßlich wie feste Schuhe.
Im winterlichen Kairo benötigt man wärmere Kleidung und eine leichte Regenjacke. Wegen der häufigen Klimaanlagen (Bus, Hotel, Nilschiff) Strickjacke oder Pullover mitnehmen; in feineren Hotels brauchen Herren abends Sakko und Krawatte.

Klima, Reisezeit

Das ägyptische Wetter ist bestimmt vom subtropischen Wüstenklima, ausgenommen das feuchtheiße Niltal und die gemäßigte Mittelmeerküste.
In Oberägypten und in den Wüstengebieten sind die Sommertage sehr heiß, nachts wird es recht kühl. Die Winter sind dort mild und trocken. Kairo hat im Winter mitteleuropäisch-herbstliche Temperaturen, dort und am Mittelmeer kann es von November bis März kräftig regnen (im Durchschnitt zwölf Regentage). Von März bis Mai kann häufig ein föhnartiger, heißer Wüstenwind auftreten. Im Juli und August ist die Luftfeuchtigkeit in Unterägypten sehr hoch. Mitteleuropäer unternehmen die Nilreise am besten zwischen Oktober und April. Die Tagestemperaturen liegen dann bei 25 Grad, nachts sinken die Temperaturen auf etwa zehn Grad ab. Für einen Badeurlaub am Roten Meer eignet sich fast das ganze Jahr. Mitteleuropäer dürften aber den Winter vorziehen, obwohl dann ein recht kühler Wind weht und es ab und zu regnet.

Küche

Grundlage der ägyptischen Küche sind Gemüse und Hammelfleisch, das es allerdings selten gibt, weil es für die meisten Ägypter nahezu unerschwinglich ist – ebenso wie das beliebte Kalbfleisch und Hühner. Wenn vorhanden, wird Fleisch hauptsächlich gegrillt oder im Ofen gebacken, dazu ißt man viel gedünstetes Gemüse wie Tomaten, Zwiebeln, Paprika und Auberginen, ebenso wie frische Salate (Vorsicht allerdings bei empfindlichem Magen) mit reichlich Petersilie und Sonnenblumenöl.
Fladenbrot aus Maismehl oder Weizen wird möglichst frisch gegessen und gilt als das »arme Brot«, helle Brotlaibe kosten ein Vielfaches.
Ein paar Spezialitäten, die man unbedingt probieren sollte: Homos, eine dicke Paste aus Kichererbsen, mit Tahina, der dicklichen Sesamkernsoße, gewürzt und mit Fladenbrot zu »löffeln«. Dazu gibt es Sauergemüse. Cossa sind mit Hammelhack gefüllte Zucchini, und hinter Dolma verbergen sich winzige, mit Hackfleisch gefüllte Weinblätter.
Eine Leibspeise der Ägypter ist Foul (oder Foul Medanes): gekochte Pferdebohnen, angemacht mit Zitrone, Öl, frischen Zwiebeln und Petersilie.
Eine leckere Spezialität aus Luxor sind gegrillte Täubchen, Hamam mashwi; im Ofen gebacken heißen sie Hamam fill tagen und sind in Stücken mit Reis, Sahne und scharfen Gewürzen geschmort.
Mit viel Petersilie bestreut wird Kebab gereicht, gegrillte Fleischstücke am Spieß vom Hammel, Kalb oder gemischt.
Auf die gleiche Art servieren Ägypter die Kofta, kleine Fleischbouletten. An Griechenland erinnert die Mossaqa: geschichtete und im Ofen gebackene Auberginen, Hackfleisch, Tomaten und Zwiebeln, meistens sehr fetttriefend. Während die grüne Gemüsesuppe

Kairo	Temp. max.	Temp. min.	Regentage	Sonnenstd.
Januar	20°	8°	1	7,5
Februar	22°	9°	1	8,4
März	25°	11°	1	8,9
April	29°	14°	1	9,6
Mai	33°	17°	1	10,6
Juni	35°	20°	0	11,7
Juli	36°	22°	0	11,6
August	35°	22°	0	11,2
September	33°	20°	0	10,6
Oktober	31°	18°	1	9,6
November	26°	14°	1	8,6
Dezember	21°	10°	1	7,3

Quelle: Seewetteramt Hamburg

Hurghada	Temp. max.	Temp. min.	Wassertemp.	Regentage	Sonnenstd.
Januar	21°	10°	22°	1	7,6
Februar	22°	10°	21°	0	9,6
März	24°	13°	22°	1	9,7
April	27°	17°	23°	0	10
Mai	30°	21°	25°	1	11,5
Juni	33°	24°	26°	0	12,6
Juli	33°	25°	27°	0	12,5
August	34°	25°	28°	0	12,1
September	32°	23°	27°	0	11
Oktober	30°	20°	27°	0	10
November	26°	16°	25°	1	9,6
Dezember	23°	12°	24°	1	8,8

Mouloukhia und das Koushari, ein Gemisch aus Reis und Nudelstücken, selten mit einigen Hühnerstücken, kaum dem europäischen Gaumen behagen, ist ebenfalls in Garküchen an jeder Straßenecke die leckere Taamia zu haben, die auch als Felaffel bekannt ist: kleine Bouletten aus Kichererbsen, in Fladenbrote gefüllt mit Tomaten, Zwiebeln, Salat oder Sauergemüse.

Die Fahrt in der Libyschen Wüste ist nur mit spezieller Ausrüstung zu empfehlen

An den Küsten ist Meeresfisch die Spezialität (sehr gut in Alexandria), im Landesinneren werden eher Süßwasserfische aus den Teichen im Nildelta oder aus dem Karun-See in der Faijum-Oase angeboten.

Vor Honig und Sirup triefend sind die Süßspeisen, beispielsweise Baklawa (im Ofen gebackener Blätterteig mit Nußfüllung), Ataijef (in Öl gebackene Teigtaschen mit Nußmasse oder Käse gefüllt) oder Konafa, eine schwere Mischung aus Fadennudeln, Nüssen und Mandeln. Aus Reismehl oder sehr weich gekochtem Reis wird die Mahalabija zubereitet, die in keinem ägyptischen Kühlschrank fehlt.

Kaffee trinken Ägypter sehr stark und süß aus kleinen Tassen, dazu ein Glas Leitungswasser. Moslems trinken keinen Alkohol, sondern bevorzugen Säfte. Alkoholisches ist teuer und selten zu bekommen, in vielen von Einheimischen besuchten Lokalen gar nicht. Dennoch produziert Ägypten inzwischen gute Biere und Weine.

Bei Einladungen von Ägyptern erwarten die Gastgeber ein Geschenk (Süßspeisen für die Hausfrau oder ein Spielzeug fürs Kind). Oft wird spät und üppig gegessen.

Kunsthandwerk

Ägypten ist ein Dorado für Souvenirkäufer, die noch unverfälschtes Kunsthandwerk finden, wenn sie sich nicht von Schleppern in die falschen Läden locken lassen. Handeln ist unerläßlich; man sollte niemals mehr als die Hälfte des geforderten Preises zahlen, was bei Europäern aber nicht immer klappt.

Schön sind Teppiche, Lederwaren (oft aus Kamelleder), Messingarbeiten, Schmuck aus Gold und Halbedelsteinen und Papyrusbilder. Vorsicht: Das »Papyrus« wird gern aus Bananenblättern gepreßt und als »echt« verkauft.

Die meisten auch kleineren Hotels führen gute Souvenirläden; mit einem kleinen Schuß Abenteuer kauft man natürlich in den Basars. Dort bekommt man beispielsweise ein lustiges und zu Hause praktisches Mitbringsel: Galabijas, die langen Männerkleider aus luftiger Baumwolle, die man sich auch in wenigen Stunden nach Maß schneidern lassen kann.

Literatur

Video-Reiseführer Ägypten: Die 18. Dynastie – Von Hatschepsut bis Tutanch-Amun, drei Kassetten à 34 Minuten. DuMont, Köln 1985. DuMont visuell Ägypten, DuMont, Köln 1994.

Hans-Günter Semsek: Ägypten, DuMont Reisetaschenbuch, 6., aktualisierte Auflage, Köln 1996. Emma Brunner-Traut: Kleine Ägyptenkunde, Kohlhammer, 3. Auflage, Stuttgart 1991. Karlheinz Schüssler: Kleine Geschichte der ägyptischen Kunst, DuMont, Köln 1988.

Nagib Machfus: Das Lied der Bettler, Unionsverlag, Zürich 1995. Nagib Machfus: Die Midaq-Gasse, 1947; deutsch Unionsverlag, Zürich 1988. Jehab Sadat: Ich bin eine Frau aus Ägypten, 1987; deutsch Scherz Verlag, Bern 1991.

Maße, Gewichte

Seit 1952 gilt in Ägypten das metrische System. Auf dem Lande werden manchmal noch alte Maße und Gewichte verwendet, die Fremden aber kaum begegnen dürften: Feddan (4,201 Quadratmeter) und Okka (1,248 Kilogramm).

Museen

Es gibt nur wenige Museen, die aber sehenswert sind. Normale Öffnungszeiten, die kurzfristig variieren können: täglich 9 bis 16, freitags 9 bis 11 und 13.30 bis 16 Uhr.

Die wichtigsten Museen: In Kairo das Ägyptische Nationalmuseum am Midan et-Tahrir, das Islamische Museum am Midan Ahmed Maher und das Koptische Museum in Alt-Kairo. In Alexandria das Griechisch-Römische Museum, in Luxor das Luxor-Museum.

Nachtleben

Speziell für Touristen bieten die großen Hotels Bauchtanz an. In einigen Nachtclubs – berühmt sind die Schiffe »Nil Crystals« – werden orientalische Abende mit lukullischen Spezialitäten und Bauchtanz als Unterhaltung zu einem Pauschalpreis angeboten. Ägypter der höheren sozialen Schicht führen ihre Gäste gerne dort hin oder treffen sich in den Bars der internationalen Hotels, um die Atmosphäre der »weiten Welt« zu genießen. Adressen für Abendunterhaltung und Tips stehen in den Monatsheften von Egypt Air oder der Hoteliervereinigung (Cairo Guide oder Cairo Night and Day) mit Anzeigen entsprechender Etablissements.

Post und Telefonieren

Die ägyptischen Postämter erkennt man am Schild mit einer fliegenden weißen Taube. Sie sind täglich außer freitags von 8.30 bis 15 Uhr geöffnet. Durchgehend dienstbereit ist nur das Hauptpostamt in

Sadat City erinnert an den Präsidenten

Kairo am Midan el-Ataba. Briefmarken gibt es jedoch auch in Tabak- und in vielen Souvenirläden sowie an den Hotelrezeptionen. Die normale Laufzeit für Briefe und Postkarten nach Europa beträgt drei bis vier Wochen. Am zuverlässigsten werden Briefkästen an Flughäfen und in den großen Hotels geleert.
Das Telefonnetz ist total überlastet, obwohl es mehrmals modernisiert wurde. Telefonzellen gibt es praktisch nur auf den größeren Postämtern, man kann jedoch von fast jedem Geschäft in Kairo Ortsgespräche führen. Vom Hotel aus kosten Telefonate – wie üblich ein Mehrfaches (je nach Kategorie).
Relativ gut kann man von Kairo aus Ferngespräche führen, in anderen Orten ist es schwierig. Die Hotels verbinden jedoch auch dort direkt mit Europa.
Bei Selbstwähltelefonen wählt man nach Deutschland erst die Landeskennzahl 00 49, läßt dann bei der Nummer des Anschlusses die Null der Ortskennzahl weg.
Wichtige Telefonnummern in Kairo: Erste Hilfe 123, Polizei 122, Feuer 125, Touristeninformation 3 91 34 54 und Touristenpolizei 3 92 02 70.

Reiseagenturen

Alleinreisenden und Touristen, die sich von ihrer Gruppe lösen wollen, können für Tagesausflüge und Rundreisen folgende Agenturen empfohlen werden, die gewissenhaft arbeiten, über deutschsprachiges Personal verfügen und auch Leihwagen mit oder ohne Fahrer anbieten; die hier genannten arbeiten auch mit deutschen Reiseveranstaltern zusammen: Misr Travel, Talaat Harb Str. 1, Tel. 3 93 00 32; speziell für die Sinai-Halbinsel: Misr Sinai Travel, Misr Travel Tower, Telefon 2 82 81 13; Spring Tours, Sharia El Sayed El Bakry 3, Zamalek, Kairo, Telefon 3 41 59 72; Travco Travel, 112 Sharia 26. July, Zamalek, Kairo, Telefon 3 42 04 88 und 91.

Sport

Das Rote Meer mit seinen schönen Sandstränden ist ein bei Tauchsportlern und Surfern ein beliebtes Revier. Die ägyptische Mittelmeerküste ist für den europäischen Tourismus dagegen noch nicht erschlossen.
Am Roten Meer haben sich einige deutsche Spezialisten für Tauchreisen etabliert, deren Angebote man perr Pauschalreise oder vor Ort buchen kann. Das gilt für Hurghada mit mehreren Schulen, für Quseir (Subex), El Gouna (Nautico), Sharm el-Sheikh (Subex, Nautico). Ein Spezialschiff unternimmt bis zu siebentägige Schnorchel-, Tauch- und Surfkreuzfahrten mit festen Routen, von denen aus mit Schlauchbooten herrliche Riffs angegangen werden.
Rund um Hurghada werden zudem Segeltouren angeboten. Mit den führenden Veranstaltern in Sharm el-Sheikh lassen sich die schönsten Tauchgründe des Roten Meeres um Ras Muhammad, Ras el-Sid oder die Riffs der Straße von Tiran mit ihrer farbenprächtigen, fischreichen Unterwasserwelt ergründen.
Die meisten Tauchläden und -schulen in Deutschland haben Informationen über Tauchreisen ans Rote Meer. Voraussetzung für Tauchgänge ist eine spezielle Ausbildung, die jedoch auch vor Ort durchlaufen werden kann. Die Tauchzentren verleihen auch die entsprechende Ausrüstung; wer sicher gehen will, daß die Brille perfekt sitzt, sollte diese aber am besten schon zu Hause kaufen.

Sprache

Ägyptische Staatssprache ist Arabisch. Obwohl man besonders in den Tourismusgebieten englisch- und manchmal auch deutschsprechende Ägypter trifft, helfen einige arabische Wörter im Alltag und Umgang mit Ägyptern weiter:

ja	aywa
nein	la'
guten Morgen	sabáh el chéir
guten Tag	nihá'rak
guten Abend	massá'el chéir
Dame	ßaida
Herr	ßaid
danke	shokran
bitte (weiblich)	min fádlak
bitte (männlich)	min fádlik
Wieviel (kostet das)?	bi kám?
(Das ist aber) viel!	ketír
Ich habe nichts	máfisch
Ich möchte (weiblich)	áyeza
Ich möchte (männlich)	áyez
Wasser	máyya
Tee	schai
Kaffee	qáh'wa
Milch	laban
Zucker	súckar
Früchte	fák'ha
Fleisch	lúhu'm
Gemüse	khudára't
Fisch	áßma'k
Brot	áisch
Geld	félus
bezahlen	édfa
Hafen	mína
Schiff	má'rkib
Flughafen	matá'r
Flugzeug	tajá'ra
Bahnhof	mákh'tit
Eisenbahn	sekka hadíd
Auto	otomobí'l
Autobus	otobíes
Platz	mídan
Straße	shária

Straßenschild vor Assiut

Museum mát'haf
Hotel loká'ndit nom
Postamt má'ktab bó'ßta
Telefonamt má'ktab telefó'n

Alle Wörter sind so geschrieben wie man sie spricht. Ein Apostroph in der Mitte eines Wortes zeigt eine kurze Sprechpause an.

Trinkgeld

Trinkgeld, das oft zusätzlich erwartet wird, und Bakschisch sind nicht klar zu trennen (s. Verhalten). Im Hotel und Restaurant sind fünf bis zehn Prozent des Rechnungsbetrages üblich. Dem Liftboy gibt man ab und zu ein halbes Pfund, dem Hoteljungen für jedes Gepäckstück ein Pfund, dem Zimmermädchen und dem Hotelkellner pro Person und Tag 2 LE. Bei Rundreisen ist das Trinkgeld für Kofferträger eingeschlossen, nicht für die Reiseleiter, die pro Person und Tag etwa 5 DM erwarten. Auch Bus- und Taxifahrer erwarten einen Bakschisch, ebenso sollte man für Museumswärter, Schuhbewacher in Moscheen und andere Helfer genügend 50-Piaster-Stücke in der Tasche haben.

Unterkünfte

Eine Hotelliste für ganz Ägypten zu bekommen, ist nicht möglich. Man tut gut daran, im voraus zu buchen, wenn man in der Hochsaison reist, und jederzeit, wenn man in Mittelägypten eine der wenigen Bleiben benötigt.

In Kairo, Luxor und Assuan findet man die luxuriösen Häuser der internationalen Hotelketten, darüber hinaus eine gute Auswahl an Hotels aller Kategorien. Auch die Urlaubsorte rund um das Rote Meer, vor allem Hurghada und Sharm el-Sheikh sind inzwischen mit allen Kategorien gut ausgestattet, ähnliches gilt für Alexandria.

In anderen Landesteilen ist es manchmal schwierig, ein Hotelzimmer zu bekommen, das dem mitteleuropäischen Geschmack angemessen ist. Schwierig ist es vor allem in den von Touristen und Geschäftsleuten weniger frequentierten Gebieten, besonders in den Oasen.

Die Hotelpreise sind staatlich festgelegt und müssen an der Rezeption und im Zimmer ausgehängt werden. In den Luxuskategorien entsprechen sie in etwa dem internationalen Standard, in den Drei- und Vier-Sterne-Häusern liegen sie weit darunter und bieten dennoch erstaunlichen Komfort. Die darunterliegenden Kategorien sind meist nicht sauber, aber sehr billig. Das gilt auch für Raststätten und die Gästehäuser der koptischen Klöster.

Für Ägypter gelten andere, niedrigere Hotelpreise als für Ausländer, die in Devisen zahlen müssen.

Verhalten

Als islamisches Land erfordert Ägypten in vielen Lebensbereichen rücksichtsvolles Verhalten. Religiöse Muslime servieren auch bei Einladungen keinen Alkohol.

Körperlicher Kontakt zwischen den Geschlechtern ist in der Öffentlichkeit verpönt, auch Händchenhalten von Paaren. Viele Moslems geben keine Hand bei der Begrüßung, was nicht diskriminierend gemeint ist. Auch bei sehr guter Freundschaft umarmen oder küssen sich nur Menschen gleichen Geschlechts.

Über allzu locker gekleidete Europäerinnen heißt es, sie seien zu allem bereit. Zu Hause bleiben sollten Shorts, kurze Röcke, Tops, enge Jeans und Leggings. Auch Männer müssen auf kurze Hosen, ärmellose T-Shirts oder gar die bloße Brust verzichten, sonst wirken sie unmännlich und lächerlich.

Vor Betreten einer Moschee zieht man die Schuhe aus; in manchen Moscheen werden sie in Regale gelegt, oft bekommt man gegen Trinkgeld ein paar Überschuhe. Nie vor betenden Menschen vorbeigehen, man stellt sich sonst zwischen sie und Gott. Beim Hauptgebet, besonders freitags, sind die Moscheen normalerweise für Nichtmuslime geschlossen. Betende Menschen nur mit Genehmigung der Moscheeleitung fotografieren.

Ohne Bakschisch, eine Art von Trinkgeld, geht in Ägypten praktisch nichts, es wird von den meisten Menschen auch bitter benötigt.

Fotografieren bedeutet, in die Privatsphäre einzudringen. Das gilt vor allem für fremde Frauen. Wer mit den Menschen in Kontakt kommt und sie höflich bittet, bekommt dennoch manches schöne Foto.

Vorsicht ist geboten im Umgang mit Kindern, die ebenfalls überall die Hand aufhalten, auch wenn sie dafür keine Leistung erbringen. Vor allem als kleine Fotomodelle und an den Sehenswürdigkeiten betteln sie um ein Pfund oder einen Stylo, Kugelschreiber. Man sollte die Geschenke, wenn überhaupt, mit Bedacht verteilen. Für kleinere Dienste genügen 25 Piaster.

Verkehrsmittel

Große Entfernungen legen die Ägypter im Flugzeug zurück, bei Touristen hat sich der Nachtzug zwischen Assuan, Luxor und Kairo als besondere Attraktion eingebürgert, üblicherweise alternativ zu einem Flug vor oder nach der Nilkreuzfahrt. Die meisten der Rundreisen werden mit modernen, vollklimatisierten Bussen unternommen, normalerweise kombiniert mit dem Zug und/oder Flugzeug.

Hurghada am Roten Meer: Blick vom Sheraton auf Pool und Badebucht

Das Straßennetz ist recht weitmaschig und nicht besonders gut ausgebaut. Inzwischen ist auch die fast schnurgerade Straße von Assuan nach Abu Simbel fertiggestellt, sie gehört aber zu den langweiligsten ganz Ägyptens.

Auto: Alle internationalen Autoverleiher sind in Ägypten vertreten. Wegen der schwierigen Verkehrsverhältnisse ist es aber nicht ratsam, allein im Leihwagen durch das Land zu reisen. Zudem sind die Straßenschilder in den Städten meist problemlos zu lesen, während Ortsnamen und Hinweise auf dem Land oft nur in arabischer Sprache genannt sind.

Empfehlenswert sind für Ausflüge Limousinen mit Chauffeur und – allerdings meist nur englischsprechendem Fremdenführer. Die Wagen werden von den großen Agenturen angeboten und sollten rechtzeitig vor Ort gebucht werden. Wer sich diesen Luxus leisten kann, wird Ägypten auf die bequemste Art bereisen.

Bus und Taxi: Die öffentlichen Busse sind Normaltouristen als Fortbewegungsmittel zwischen den großen Städten nicht zu empfehlen: Sie sind meist überfüllt und technisch nicht in einwandfreiem Zustand. Dagegen sind die für den Fremdenverkehr eingesetzten Busse gut gepflegt, klimatisiert. Man bucht die Tour zudem im voraus, hat also eine Platzgarantie.

In gutem Zustand sind die Busse, die praktisch im Pendelverkehr zwischen Assuan und Abu Simbel fahren. Fahrkarten gibt es in Reisebüros. Die Busse sind klimatisiert und mit Fernseher ausgestattet, in denen meist amerikanische Filme gezeigt werden.

Um den innerstädtischen Verkehr braucht man sich als Tourist eigentlich nur in Kairo (s. Reise-Info S. 21/22) zu kümmern, weil die anderen Städte – mit Ausnahme von Alexandria – bequem zu Fuß, mit der Kalesche oder dem Taxi zu erkunden sind.

Flugzeug: Die Maschinen starten relativ pünktlich, sind aber immer überbucht. Man braucht gute Beziehungen und entsprechende Nerven, um im Alleingang einen Platz zu bekommen.

Die wichtigsten innerägyptischen Flugverbindungen und ihre Flugdauer: Kairo – Luxor (eine Stunde), Kairo – Assuan (zwei Stunden), Assuan – Abu Simbel (40 Minuten), Kairo – Hurghada (eine Stunde), Kairo – Katharinen-Kloster (50 Minuten).

Mit mitteleuropäischen Preisen verglichen, sind die Inlandsflüge sehr preiswert. Buchungen von Egypt Air (von Kairo nach Marsah Matruh, Alexandria, Al Arish, Taba, Katharinen-Kloster, Sharm el-Sheikh, Hurghada, New Valley, Luxor, Assuan, Abu Simbel) u. a. am Flughafen Kairo, Telefon 2 91 42 77, im Hotel Hilton 76 56 66, im Sheraton 3 48 86 00. Reservierungen bei ZAS (von Kairo nach Luxor, Assuan, Hurghada und Sharm el-Sheikh) u. a. in der Talaat Harb Str. 1, Telefon 3 92 98 30.

Schiff: Auf dem Nil wimmelt es von Hotelschiffen in allen Kategorien und Preisklassen. Die Zahlenangaben schwanken, doch die ägyptischen Verantwortlichen schwören, keine neuen Schiffe mehr zuzulassen – mehr als 200 sollen es nicht werden, 204 sind es schon.

Für das erste Kennenlernen des Landes und seiner wichtigsten Sehenswürdigkeiten gibt es wohl kaum eine schönere Reiseart als eine Kreuzfahrt auf dem Nil, ohne lästiges Kofferpacken und staubige Busfahrten. Man läßt aus meist großen Fenstern oder vom Deck aus das Land an sich vorübergleiten, wird in der Nähe von Sehenswürdigkeiten von Bus oder Fähre abgeholt, braucht sich um nichts zu kümmern und kann sich ganz der Aufnahme der neuen Eindrücke hingeben. Kreuzfahrten lassen sich in jedem Reisebüro und bei jedem Ägypten-Veranstalter buchen, ob in Europa oder in Ägypten – wenn es nicht gerade Weihnachten oder Ostern ist.

Zug: In dichter Folge verkehren die für mitteleuropäische Verhältnisse sehr preiswerten, dafür jedoch nicht sehr komfortablen Züge zwischen Kairo und Alexandria, die Fahrt dauert etwa drei Stunden. Für die langen Strecken am Nil entlang gibt es bequemere, vollklimatisierte Züge mit Schlafwagen für die Nachtfahrten; Abfahrtmöglichkeiten von Kairo morgens oder abends. Die Fahrt nach Luxor dauert 12, nach Assuan 15 Stunden.

Zuginformation in Kairo unter Telefon 75 35 55. Eine frühzeitige Buchung ist immer sehr empfehlenswert und auch über Reiseagenturen zum Originalpreis möglich.

Die Schischa, Wasserpfeife, ist aus ägyptischen Kaffeehäusern nicht wegzudenken

Zeit

In Ägypten gilt die osteuropäische Zeit (OEZ), also mitteleuropäische Zeit plus eine Stunde. Da auch Ägypten die Sommerzeit kennt, bleibt der Unterschied zu Mitteleuropa bis auf wenige Tage während der Umstellung stets gleich.

Zeitungen

Die großen deutschsprachigen Zeitungen sind relativ aktuell (ein bis zwei Tage nach ihrem Erscheinen) an den Kiosken der internationalen Hotels erhältlich.

Stand der Info-Angaben: Januar 1997.

MEDITERRANEAN SEA
EL ISKANDARIYA (ALEXANDRIA)
Rashid (Rosetta)
Idku
KAFR EL DAUWAR
DAMANHUR
BEHEIRA
KAFR EL SHEIK
Baltim
DUMYAT (DAMIETTA)
BUR SA'ID (PORT SAID)
EL MANSURA
DAQAHLIYA
EL MAHALLA EL KUBRA
TANTA
GHARBIYA
SHARQIYA
ZAGAZIG
ISMA'ILIYA
MINUFIYA
SHIBIN EL KOM
BENHA
QALYUBIYA
BILBEIS
MUDIRIYAT EL TAHRIR
(LIBERATION PROVINCE)
Medinet el Sadat (Sadat City)
Medinet Ashara Ramadan (10th of Ramadan City)
Medinet el Obour
SHUBRA EL KHEIMA
EL QAHIRA (CAIRO)
EL GIZA (GIZA)
Medinet Sita October (6th of October City)
Helwan
Medinet 15 Mayo (15th of May City)
GIZA
Medinet el Amal
EL SUWEIS (SUEZ)
Mitla Pass
Giddi Pass
Khatmia Pass
Birket Qarun
Wadi el Farigh
Khalig el Tina
Khalig Abu Qir

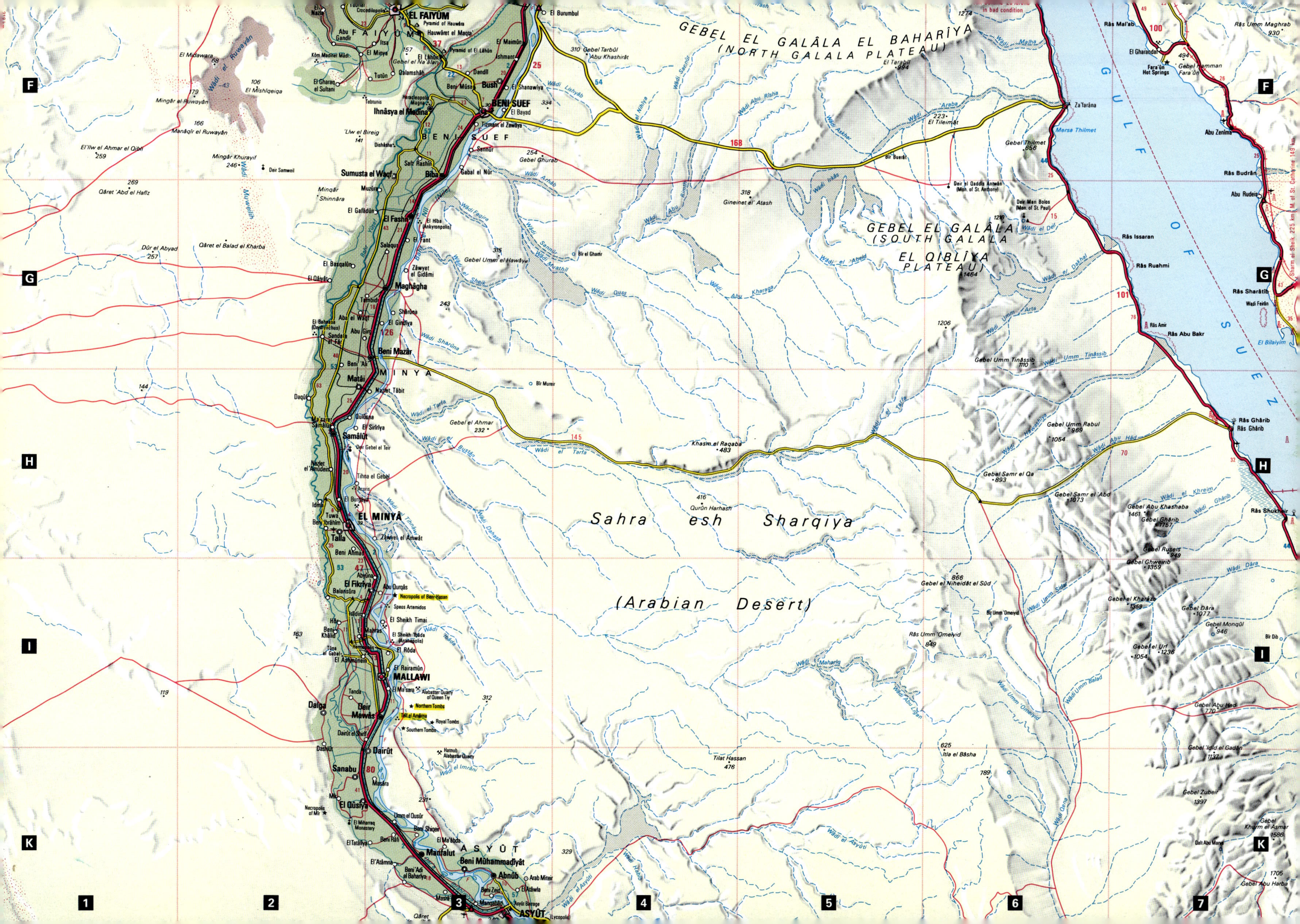

GEBEL EL GALÂLA EL BAHARÎYA
(NORTH GALALA PLATEAU)
GULF OF SUEZ
GEBEL EL GALÂLA
(SOUTH GALALA
EL QIBLÎYA
PLATEAU)
Sahra esh Sharqiya
(Arabian Desert)
EL FAIYUM
BENI SUEF
MINYA
EL MINYÂ
MALLAWI
ASYÛT

Sahra esh Sharqiya
(Arabian Desert)
Eastern Desert
EL MINYA
MALLAWI
Dairût
Manfalut
ASYÛT
Abu Tîg
El Badâri
Tima
El Marâgha
SOHÂG
Akhmîm
El Manshâh
Girga
El Balyana
QENA
El Tûr
Râs Shukheir
Râs Zeit
Abu Sha'r
Hurghada

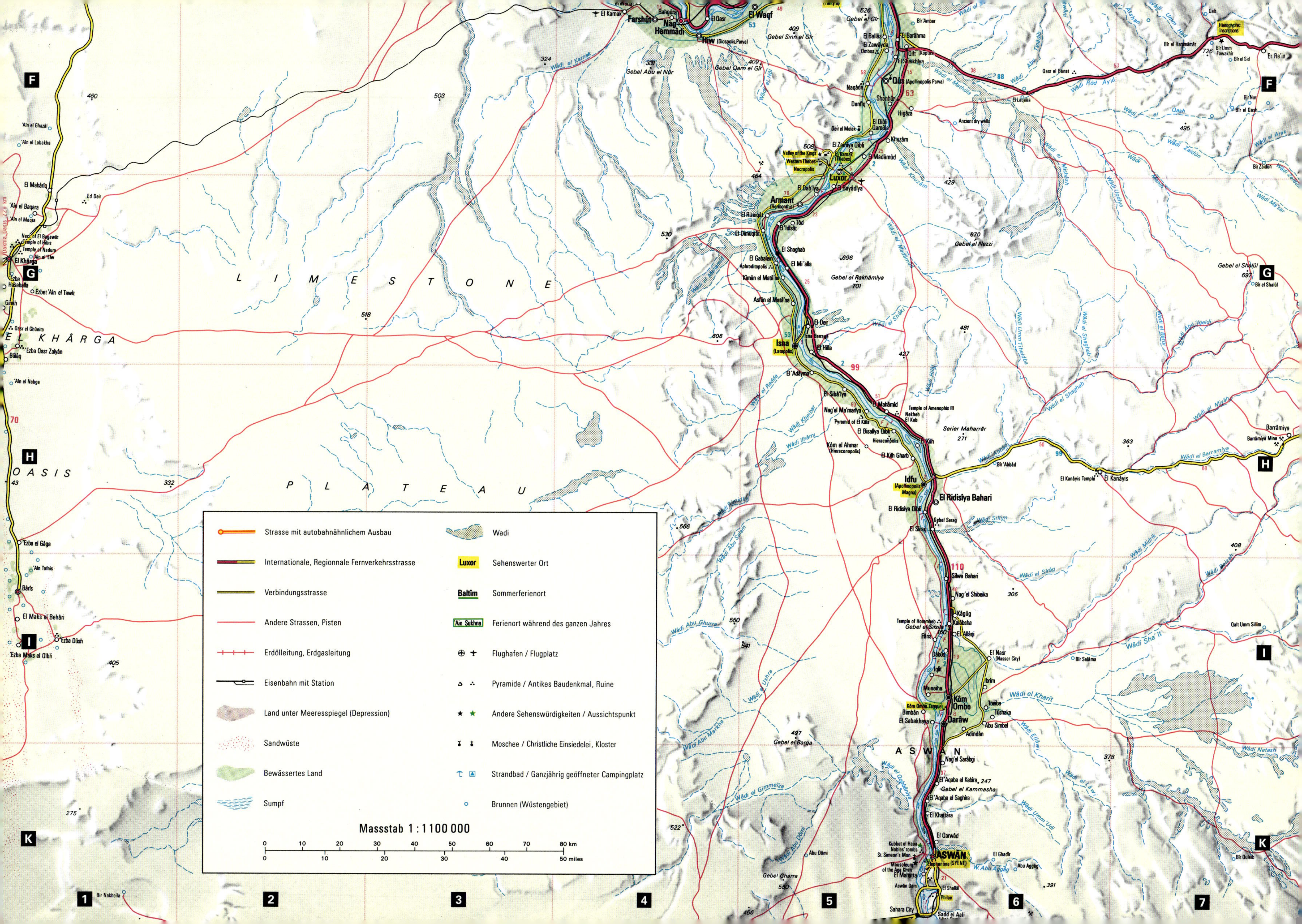
Strasse mit autobahnähnlichem Ausbau
Internationale, Regionnale Fernverkehrsstrasse
Verbindungsstrasse
Andere Strassen, Pisten
Erdölleitung, Erdgasleitung
Eisenbahn mit Station
Land unter Meeresspiegel (Depression)
Sandwüste
Bewässertes Land
Sumpf
Wadi
Luxor
Sehenswerter Ort
Baltim
Sommerferienort
'Ain Sukhna
Ferienort während des ganzen Jahres
Flughafen / Flugplatz
Pyramide / Antikes Baudenkmal, Ruine
Andere Sehenswürdigkeiten / Aussichtspunkt
Moschee / Christliche Einsiedelei, Kloster
Strandbad / Ganzjährig geöffneter Campingplatz
Brunnen (Wüstengebiet)
Massstab 1 : 1 100 000
L I M E S T O N E
P L A T E A U
E L K H Â R G A
O A S I S
A S W A N
Farshût
Nag Hammâdi
Hiw
El Waqf
Qûs
Luxor
Armant
Isna
Idfu
El Ridisiya Bahari
Kôm Ombo
Darâw
ASWÂN
El Khârga
Bârîs
Barrâmiya
El Kanâyis
Sadd el Aali
F
G
H
I
K
1
2
3
4
5
6
7

Register

Seitenzahlen, die auf Infoseiten hinweisen, sind **fett** gedruckt. Die Koordinaten in Klammern beziehen sich auf die Karte S. 110/111 und 112/113. Orte ohne Koordinatenangabe befinden sich außerhalb der Karten.

Bereits erschienen

1 Türkei – Südküste
2 Kalifornien
3 Tunesien
4 Thailand
5 New York
6 Türkei – Ägäisküste · Istanbul
7 Island
8 Marokko
9 Karibik
10 Hongkong
11 Florida
12 Bali · Lombok · Java
13 Kanadas Westen
14 Moskau
15 Kenia
16 Ägypten
17 Israel
18 Neuseeland
19 Singapur · Malaysia
20 New Orleans und die Südstaaten
21 Mexiko
22 Südafrika · Namibia
23 Japan
24 Hawaii
25 Himalaya
26 USA – Südwesten
27 Australien – Ostküste
28 Venezuela
29 Jordanien
30 Brasilien – Rio und die Küste · Minas Gerais
31 USA – Nationalparks
32 Kanadas Osten – Québec · Ontario
33 Kuba
34 Sri Lanka und Malediven
35 Nordkalifornien · San Francisco
36 Vietnam
37 USA – Südstaaten · Washington D. C.
38 Südsee
39 Südindien
40 Mittelamerika
41 Syrien
42 Südkalifornien · Los Angeles

Impressum

1. Auflage 1992
2., aktualisierte Auflage 1997

Verlag:
HB Verlags- und Vertriebs-Gesellschaft mbH, Alsterufer 4, 20354 Hamburg, Postfach 30 06 60, 20347 Hamburg, Tel. 040/41 51-04, Telefax 040/41 51-32 31.
Geschäftsführer:
Kurt Bortz, Jonny Bülow, Dr. Joachim Dreyer

Redaktion und Produktion:
Harksheider Verlagsgesellschaft mbH, Fabersweg 1, 22848 Norderstedt, Postfach 52 49, 22822 Norderstedt, Tel. 040/52 88 62-0, Telefax 040/5 23 40 56
Redaktion:
Ulrike Klugmann (verantwortlich)
Siebo Heinken

Text: Gottfried Aigner, Nana Claudia Nenzel, München
Fotografie: Rainer Kiedrowski, Ute Schwarz und Nils Koshofer, Ratingen
Zusätzliches Fotomaterial: Rolf O. Karis, Düsseldorf, S. 74 u. r.
Zeichnungen S. 100/101: Doris Lewandrowski, Hamburg
Grafische Gestaltung:
Gerhard Keim, Frankfurt/Main
Kartografie:
© Kümmerly und Frey, Bern
Für die Richtigkeit der in diesem HB-Bildatlas Special angegebenen Daten – Adressen, Öffnungszeiten, Telefonnummern usw. – kann der Verlag keine Garantie übernehmen.
Nachdruck, auch auszugsweise, nur mit ausdrücklicher Genehmigung des Verlages.
Erscheinungsweise: zweimonatlich

HB-Bildatlas Special Fotoservice:
Harksheider Verlagsgesellschaft mbH, Postfach 52 49, 22822 Norderstedt, Tel. 040/52 88 62-22, Telefax 040/5 23 40 56

Vertrieb Zeitschriftenhandel:
Partner Pressevertrieb GmbH, Postfach 81 04 20, 70521 Stuttgart, Telefon 07 11/72 52-210, Telefax 07 11/72 52-375
Vertrieb Abonnement und Einzelhefte:
Zenit Pressevertrieb GmbH, Postfach 81 06 40, 70523 Stuttgart, Telefon 07 11/72 52-198, Telefax 07 11/72 52-333
Vertrieb Buchhandel:
Mairs Geographischer Verlag, Marco-Polo-Zentrum, D-73760 Ostfildern, Telefon 07 11/45 02-0, Telefax 07 11/45 02-340
Anzeigenalleinverkauf:
KV Kommunalverlag GmbH, Postfach 81 05 65, 81905 München, Telefon 089/92 80 96-24, Telefax 089/92 80 96-20

Satz: Lübecker Fotosatz GmbH, Lübeck
Reproduktionen:
Otterbach Repro GmbH & Co., Rastatt
Druck und buchbinderische Verarbeitung:
Klett Druck H. S. GmbH, Fritz-Klett-Str. 61–65, 71404 Korb
Gedruckt auf chlorfrei gebleichtem Papier
Printed in Germany
ISBN 3-616-06416-9

Titelbild: Ramses-Tempel in Abu Simbel